〈実践・子育て学講座〉 1

子育ての発達心理学

藤永 保・森永良子――編

大修館書店

まえがき

　少子高齢化の進行は，日本の社会や文化が大きな曲り角に差しかかっていることの象徴といえよう。この現象は，もっぱら現行年金制度の破綻という現実的問題に引き寄せて論じられることが多く，そのため，少子化の進行をどうくい止めるかといった論議に焦点が当てられやすい。しかし，もう一歩踏みこんでみると，そこにはより広く深い淵が姿をみせているのに気づく。たとえば，少子化の原因の7割方は，非婚と晩婚化の増大によるとして説明されている。これ自体もむろんひとつの問題であろうが，他方，それほど目立ってはいないが，子どもをもつことに大きな意味や価値を感じないカップルが増えつつあることも原因の一半をなしている。日本伝来の子宝思想は，急速に変貌しつつあるというべきであろう。近年の幼児虐待の急増もおそらくこれと無縁ではない。

　従来，子育てとは，個々の家庭におけるプライベートな営みと思われてきた。しかし，上のような事情を考え合わせると，それでは尽くせないこともはっきりする。子どもは，明日の社会を担う存在だから，子育て問題を掘り下げることは結局我々自身の来し方行く末を占うことに通じていくであろう。

　子育てそのものに目を移すと，ここにも昏迷の様相が色濃い。乳幼児虐待事件は，ここ10年ほどで質量ともに急拡大した。小学生が級友を刺殺するといった前代未聞の事件も起こった。これらもまた理解に苦しみ，多くの人々を悩ませている。それからあら

ぬか，今や「子育て支援」は一種の流行語となるありさまで，さまざまな組織・団体・個人が大小とりまぜて各種の方策を提唱している。当然すぎるほどのことではあるが，現在のところスローガン先行のままに多様な試みが乱立し，重複や混乱の非効率を招いているように感じられる。また，地方自治体などの公共的組織が主導権をとって進めていくのが望ましいのか，個人や草の根組織の創意に任せるべきか，どのように運動を統合していくべきかも，昏迷状態にあるといっても過言ではない。ここには，的確な交通整理が望まれる。

　今日の子育ての課題は，以上のように誠に広大であり，それに伴って，幼児教育や保育の仕事も従来は考えられなかった新しい領域を含むものとなろう。少なくとも多様な分野への目配りが欠かせない。こういう時代に当っては，新しい子育て講座が要請されるが，本講座はそれに応えるべく企画されたものである。

　当初の企画としては，心身両面の成長発達の過程，それを支える重層的環境条件，家族と養育関係，子育ての歴史と文化比較，保育・幼児教育制度，乳幼児期の保健衛生と臨床などを含む全5巻が第一案となった。しかし，なるべく読みやすくコンパクトにという出版社側の要望があって，結局この3巻に凝縮されることになった。各巻それぞれの役割は，本文の最初に述べたのでくり返さないが，3巻は互いに補充し合って，初めてより広い視野を与えることを強調しておきたい。

　本巻についていえば，ここでは，基本的な精神発達とそこからの逸脱や障害を扱っている。従来，発達心理学は正常の発達を扱い，発達の障害や異常は，臨床児童心理学といった名前で一括されるという傾きが強かった。本書のような構成をとるものは，ほとんど見ないといっても過言ではない。

　その理由の一半は，従来の研究領域の狭さまたは閉鎖性にある

といってよい。実験心理学草創期の立役者の一人、E. B.ライチェナーは、その対象はあくまで正常成人に限られるとし、かりにある人が研究対象者となっても、発熱や飲酒などで調子を崩しているときには除外されるとしている。これは、今日では歴史的なことにすぎないと大部分の心理学者はいうであろう。しかし、その伝統はやはり長く、影響は知らず知らずのうちに心理学のさまざまな分野に染み透り、「正常」と「異常」とを質的に区別することになったのであろう。

しかし、成長とその躓きとは表裏一体をなし、切り離すことができない。E. H.エリクソンは、これを「危機（crisis）」ということばで表現した。

エリクソンのいう危機とは、各発達段階において克服されるべき発達課題としての葛藤状況を指す。たとえば、乳児期という最初期の発達課題は、「信頼対不信」とよばれる。ふつうに考えると、この葛藤は、不信を排除し信頼のみに価値をおくことが解決方向とみえるだろう。しかし、エリクソンは、たとえば離乳食に慣れるといった平凡きわまる経験すら、未知の食感への不信を乗り越えて初めて達成されることに注意を促している。つまり、信頼とは不信の上に築かれるので、自ら不信を内に含んだものになる。この説は、成長と挫折とが同じコインの両面であることをよく示している。

本書は、こうした立場に立って、まず一般的な発達過程とその機制を記述した後、発達上の問題行動や障害の分野に入っていく。ふつうの発達過程（第一次循環反応）として理解されるような指しゃぶりが、なぜ問題行動へと転位していくのか。双方を読み進むことによって、より深く発達と障害との原因・条件・機制などに迫っていくことを期待する。

また、本文中では十分記述できなかった主要課題や、独立して

または具体例に添って説明したほうが適切な事項などについては，19のQ＆A項目としてまとめてある。これらの項目については，それぞれ第一線の専門の方々にお願いしたが，それぞれ短いスペースながら的確な解説をいただき，感謝にたえない。本文との関連をたどり併せ読むことによって，理解を深めていただきたい。

(編者代表) 藤永　保

目　次

まえがき　iii

【第1部　理論編】
第1章　人間発達の基本を考える
Ⅰ　はじめに …………………………………………………………………3
Ⅱ　発達における遺伝と環境 ………………………………………………5
　1）遺伝生物学の展開　5
　2）遺伝か環境か　7
　3）精神的遺伝の研究法　10
　4）行動遺伝学　14
　5）まとめ　17
Ⅲ　初期発達と人間環境 ……………………………………………………18
　1）育児放棄の事例　18
　2）虐待の経緯とその影響　21
　3）臨界期説と愛着形成　26
Ⅳ　育児・しつけ・教育 ……………………………………………………33

第2章　認知と言語の発達
Ⅰ　乳児の能力 ………………………………………………………………37
　1）乳児の世界　37
　2）知覚能力　38

3) 学習能力　40

　　4) 認知能力　42

　　5) 乳児期の再評価　44

　II　認知発達 …………………………………………………46

　　1) 認識の獲得過程　46

　　2) 感覚運動期　48

　　3) 前操作期　51

　　4) 具体的操作期　53

　III　言語発達 …………………………………………………57

　　1) 言語発達の条件　57

　　2) 言語能力の生得説　60

　　3) 言語習得　66

　　4) 言語と認知　69

　IV　知能の消長 ………………………………………………73

第3章　社会性の発達

　I　社会関係の拡大 ……………………………………………78

　　1) 家族という1次集団　78

　　2) 2次集団へ　82

　　3) 社会的学習：模倣・感情・ことば　85

　II　性格の理解 ………………………………………………91

　　1) 性格の基礎　91

　　2) 類型学：素質的特性　93

　　3) 性格と環境　97

第 4 章　発達と問題行動

Ⅰ　はじめに ……………………………………………………………103

Ⅱ　問題行動の概念 ……………………………………………………104

　1）問題とされる行動　104

　2）問題性のある行動　105

Ⅲ　発達の個人差と問題となる行動 …………………………………106

　1）発達の順序の共通性　106

　2）発達の個人差　107

　　（歩行の発達／「ことば」の発達）

　3）発達の個人差に関連する問題行動の評価・診断　109

　4）異常行動　110

Ⅳ　基本的行動の問題 …………………………………………………112

　1）食事　112

　　（食事の問題／ミルク以外の食物を拒否した幼児）

　2）睡眠　117

　　（睡眠の問題／夜驚症）

　3）排泄　119

　　（排泄の問題／遺糞の症例）

Ⅴ　不適応行動 …………………………………………………………123

　1）不登園・不登校　123

　2）親，保育士・教師が子どもに求めるもの　124

　　（親が子どもの発達に求めるもの／母親像の変化／子どもを取り巻く環境）

　3）くせと問題行動　127

　　（乳幼児の行動／乳幼児の行動の持つ意味）

4) 神経性習癖　131

   　　（遺尿／頻尿／チック／チックの症例）

   5) ヒステリー性症状　136

   6) 自傷行為　137

   7) 緘黙　138

   　　（緘黙の問題／緘黙の症例）

   8) 性格に関する問題　141

   　　（攻撃性／残忍性／自己中心性／消極性・ぐず／顕示性）

第5章　軽度発達障害――気がかりな子どもの支援

Ⅰ　軽度発達障害について …………………………………………145

   1) 医学・教育的背景　145

   2) 発達過程で生じる障害　146

   3) 発達障害と軽度発達障害　147

   4) 教育の対象として　147

   5) 医学領域の軽度発達障害の考え方　148

   6) 高機能のグループ　149

   7) 社会的関心へ　149

   8) 軽度発達障害と思春期　150

Ⅱ　LD ……………………………………………………………………151

   1) LD に至る歴史　151

   2) 子どもを全体として考える　152

   3) LD の下位分類　153

   　　（言語性 LD と非言語性 LD／言語性 LD／算数障害／非言語性 LD）

4）就学前のLDの状態像　165
Ⅲ　ADHD（注意欠陥/多動性障害） ……………………………………167
　　1）ADHDとは何か　167
　　2）発達段階で見られるADHD　170
　　3）医学領域とADHD　171
Ⅳ　協応運動困難 …………………………………………………………174
Ⅴ　知的境界領域 …………………………………………………………175
　　1）知的障害　175
　　2）知的境界領域とは　176
　　3）知的境界領域児の臨床的問題　177
　　4）安定した知的境界領域児　178
　　5）環境性・発達性の問題　179
Ⅵ　高機能グループ：LD，ADHD，高機能自閉症，
　　アスペルガー症候群 …………………………………………………180
　　1）高機能グループについて　180
　　2）高機能グループに対する支援　182

【第2部　Q&A】
Q1　〈知能と知能検査〉知能とは何でしょうか。どのように…　186
Q2　〈反抗期〉4歳になったのに，まだ反抗期らしいものは…　190
Q3　〈早期教育〉早期教育には賛否両論があるようで迷って…　192
Q4　〈多重知能〉頭の良さは一通りではないような気が…　194
Q5　〈思考スタイル〉知能の高さが同じなら問題を同じ…　198
Q6　〈血液型性格・性格の5大因子〉血液型性格は根拠が…　200
Q7　〈被虐待児〉どこからがしつけでどこからが虐待ですか…　204

Q8 〈摂食障害〉1歳半の次男は食欲がなく,無理に食べ… 208
Q9 〈常同行動〉1歳6か月の男子です。座ったまま体を… 212
Q10 〈不器用児〉発達が遅れているとは考えられないのに… 214
Q11 〈心の発達〉幼児の中に友達と一緒に行動できない… 218
Q12 〈整理整頓困難〉いくら注意しても,片づけができず… 222
Q13 〈退行現象〉3歳の長女が赤ちゃん返りをして困って… 224
Q14 〈リスクベイビー〉未熟児で生まれた赤ちゃんの発達… 226
Q15 〈性差〉男の子は育てにくいと言われますが… 230
Q16 〈音楽治療教育〉高機能自閉の可能性があると言われ… 232
Q17 〈性格検査と気質検査,標準心理検査〉性格を正しく… 236
Q18 〈知能検査〉日本で使われている知能検査にはどんな… 240
Q19 〈発達検査〉発達検査とはどんなものですか… 244

おすすめ文献 249

キーワード索引 251

第2巻・第3巻の主な内容 258

執筆者紹介 260

実践・子育て学講座①
子育ての発達心理学

■第 1 章■

人間発達の基本を考える

I はじめに

　1990年代からほぼ10年ほどの間に，日本における児童虐待の件数は，10倍を超すほどにまで急拡大した。この様相は，ちょうど1960年代，高度経済成長期に不登校（当時は，「登校拒否」）がまたたく間に急増していったのとよく似ている。

　と言っても，日本では，まだ虐待はせいぜい年間2～3万件程度。アメリカの200～300万件に比べればほんのわずかという意見もあろう（しかし，中国のような国で幼児虐待の話をすると，なぜかという怒りのこもった質問を受けて困惑することも忘れてはならないだろう）。また，こうした事件は昔から変わらず起こっていたのだが，明るみに出すのがためらわれて（統計上の術語では，よく「暗数」と呼ばれている），見かけの上で少なかったのが表に出てきただけでは？，そのような反問もあろう。

　しかし，アメリカといえども，昔から200～300万件もの虐待が変わらずにあり続けたというわけではないだろう（性的虐待は，ある特定文化における慣習からきているという説もあるが）。

幼児虐待がアメリカで初めて学会誌への報告対象になったのはおおよそ 1950 年代であり，それまでは顕在化していなかったからこそ，驚きの目をもって迎えられたということであろう。であれば，やはりどこかの時点で急増し，今日のような状況に至ったと考えるのが自然である。それならば，日本もまた同じ状況を迎える可能性がある。

　幼児虐待の急増は，子育てをめぐる社会的状況の急変を象徴する出来事と捉えるべきであり，そう考えると，ことはさらに重大になってくる。この問題は第 3 巻の主題であり，ここで扱うにはあまりにも大きすぎる。しかし，差し当たって考えておくべき要点 2, 3 をあげておくのは無駄ではあるまい。

　こうした危機（曲がり角）の時代には，その対応策として，さまざまな主張や意見が花盛りのように現れる。例えば，現在「子育て支援」はひとつの流行語になり，いろいろな団体・組織・個人が，さまざまな方策を提案している。それらの中には，その場限りの思いつきとしかみえないものも見受けられるし，より長期の見通しに立った本格的なものもあるはずである。しかし，それらの交通整理がなされていないままでは，どれからどのように手をつけていくべきかという基本的な議論がなおざりにされ，見てくれのよいやり方が採用されやすくなり，かえって危機を増幅する恐れもなしとしない。やはり原点に立ち返って，危機の本質を見きわめる努力を怠ってはならないだろう。

　危機の時代のこのような百家争鳴を，いたずらに避けてはならない。混沌の一歩手前の地点から，新しい創造的解決が生まれるという主張は，いわゆる「複雑系」を唱える人々によって提唱されている。しかし，あまりにも過剰な意見の氾濫は，未知数の多すぎる連立方程式を解こうとするのに似て，方向感覚を失わせやすい。だから，解決への第一歩は，まずしっかりした定数を探り

出し，それを手がかりに未知数を1つでも既知数に変える努力から始めねばなるまい。そうしなければ，いつまでたっても堂々めぐりに終わるだろう。

そのためには，定数探しが基本問題になり，そのためにまた，人間存在とは何かを考えねばならなくなる。これはさらに大きな問題なのだが，差し当たって人間は，ヒトという生物を生み出した自然と，自らが生み出した社会・文化的制度という2つの条件によって等しく制約される存在だということだけを指摘しておくに留める（本当は，より奥深い次元として，自然と文化の双方がそれぞれの影響を持ち寄ることによって，互いの影響を強めたり逆に抑えるといういわゆる相互作用がさらに重要な場合がある。これについては，後に具体例を述べるので，ここでは立ち入らない）。

人間の持つ自然とは何か，子育てに当たって考えねばならない必然性（定数）は何かは，主としてこの講座の第1巻と第2巻で述べることになる。一方，文化や社会の影響とその必然的制約というもうひとつの定数については，主として第3巻で述べられることになる。

II 発達における遺伝と環境

1）遺伝生物学の展開

近年の遺伝生物学の発展は，まことに目ざましい。DNAは，今や映画やテレビの題名にまでなっている。クローン羊も誕生した。遺伝子治療やゲノム創薬などという耳慣れないことばも，しきりに登場する。遠からずクローン人間も実現するだろうという噂までささやかれている。まさしく，人間の不変の自然と見なさ

れてきたものに変容の可能性が示されたと言えよう。その意味では、新しい世紀の到来とさえ言えるかも知れない。

　ヒトゲノム解読は、1980年代から急速に進み、2000年には、国際研究チームとアメリカのバイオベンチャー企業の2つが、それぞれ別々にヒトゲノムの全体を明らかにしたと発表した。上に述べた新世紀が、ちょうど暦の世紀の変わり目に到来したということになるのだろうか。

　解読というと、ヒトの設計図がすみずみまで明らかになったような印象を受ける。しかし、専門家に言わせると、解読は大まかなスケッチが完成したというところであり、細部まで突き止められたということではないようだ。人工人間への葛藤を実際に身近にするのは、まだ先のことであろう。

　しかし、この進歩によって、いろいろ興味深い知見も見出された。1つ2つだけ例を取れば、ヒトとチンパンジーとの間には、1〜2％くらいしか遺伝子の違いはないこと、また、ヒトとチンパンジーとの遺伝子の類似度は、チンパンジーとゴリラとの間の類似度よりも大きいといったことが挙げられよう。周知のように、今までチンパンジー、ゴリラ、オランウータンなどは高等類人猿として一括され、ヒト科とは区別されてきた。このような分類学は、やはり外見の上での類似度を基準にしていたのだが、それは必ずしも正しくはない。

　すると、人間の本質とは、遺伝学的にはどこにあることになるのだろうか。それは、チンパンジーと異なる1〜2％の遺伝子の中に潜んでいると考える人もいる。むろん、それらがひとつの契機になっていることは疑いない。しかし、直立2足歩行、言語などから複雑多様な文化や社会制度などまで、両者の違いはそれだけで説明するにはあまりにも大きすぎる感じが残る。ここでは、やはり、人間性への文化や社会の影響、または、人間の持つ自然

と文化との互いの働き合い——相互作用の大きさを考えないわけにはいかない。

　もうひとつ驚くべきことに、ヒトゲノムには約2万5000種類の遺伝子が含まれていると見られるが、それらは染色体上にあるすべてのDNA配列の約3％にすぎないことが知られた。すると残りの97％のDNA配列という記号は一体何を意味し、どんな役割を持っているのだろうか。もしかすると、それらは新しい環境条件にヒトが直面した時に、初めてその働きが表面に現れるようなものかも知れない。今後の研究が待たれるところだが、人間の持つ適応性の幅広さの基礎になっているのだとしたら、これも見逃すことができない。さらには、人間そのものの変容の可能性もまったくないとは言えない。

　ここからも知られるように、現在意味があると考えられている遺伝子（DNAの記号配列）も、その本当の意味や価値は、それら一つひとつがどんな役割と相互作用を演じているかが正しく突き止められた時に初めてわかるのだということを、忘れてはならない。

2）遺伝か環境か

　遺伝か環境かは、昔から生物系諸科学の基本問題のひとつだった。発達心理学においても、むろん例外ではなく、さまざまな方法によって精神的遺伝が研究されてきた。その方法が、ここにきて再び脚光を浴びることになっていくのではないだろうか。

　遺伝子の役割とは、さまざまで複雑な経過をたどった末に蛋白質という生体を形作る要素物質を作り出すことと考えられている。この経路は、ヒトの身体的形質の違いを理解する上ではたいへんわかりやすい。例えば、肌の色や眼の色は、人種の違いの大きな目印とされているが、その違いは、それぞれ特定の遺伝子が

特定の皮膚色素を作り出すからと説明される。

　しかし、人間の特質としては、身体的なものと同様に、精神的なものも重要である。IT革命などと言われると、従来の工業化社会では依然として重視されている体力よりも、知的な能力の方が価値が高くなるかも知れない。ところが、この重要な知的能力とは、どういう物質によって構成されているのだろうか。知能は、肌の色のように目に見えないものであるだけに、それほど簡単にこれが知能の遺伝子だと決めることはできない。

　これに対して、ある人は、知能は脳のどこかにある。だから、その脳部位を生成できる遺伝子を見つけられれば、肌の色と同様に知能の遺伝子も見つかるのではないか、そう主張するだろう。しかし、少し考えてみると、脳のある部位が確かに知能と関係が深いということは、そう簡単に立証できないのに気づく。脳と知能との対応は、脳と遺伝子との対応と同様な関係にあることに注意しなければならない。

　確かに、近年の脳科学の進歩は、遺伝生物学のそれと同じくまことに目ざましい。ここでは、それを取り上げるほどのゆとりはないが、両者並んで将来への期待が大きいことも確かであろう。しかし、今のところは、期待度の方が先行して、かえって幻想や錯覚めいたものも生まれかかっているのは気がかりである。例えば、近年のアメリカでは人工出産が盛んであるが、代理父親や母親の学歴や知能指数が大きな付加価値になり、高い値段がついているという話を聞く。生まれてくる子どもの高い知能を期待しての話であるのは、言うまでもない。このように、遺伝学の進歩は、あるいは過大な遺伝信仰を再び招き寄せるのではないかと懸念されるのである。

　脳科学の場合も、似たところがある。よく、知能の部位は、例えば大脳の前頭葉にあるなどと、簡単に断定しているのを見るこ

とがある。しかし，前頭葉といった広い部位を指定するだけでは，大した役には立ちそうもない。脳の一つひとつの部位がそれぞれどんな働きと結び付いているかを決めなくてはならないわけだが，それは気の遠くなるほど大変な仕事であろう。現在は，まだそのための基礎固めという段階ではなかろうか。

　もうひとつ注意しなくてはならないことは，知能の定義の問題である。知能が一通りと決まりきっているのなら，それに対応する遺伝子や脳の部位を決めることも，原理的には単純な問題になろう。しかし，知能とは，IT革命を挙げた際にも触れたように，その時々の社会的条件の中で価値あるものとされる能力という側面を含んでいる。すると，知能の意義そのものも一通りではなく，多少とも変化すると考えねばならない。一方が動くのだから，他方もたやすく固定するわけにはいかなくなる。

　プラグマティックに定義するなら，知能とは現行の最善の知能テストによって測られるものということになるのだろうが，ビネーテストにしてもWISCにしても（Q&A 1, 18参照），たった1種類のテストから成るわけではなく，たくさんの下位テストを含んでいる。それらを解く能力もそれぞれある程度は別物であろうから，そういう意味でも，知能とは単一のものではない。この事情はおそらく変わらないから，知能とはむしろ多くの成分を含むと考えねばならない。その意味でも，当然，知能はさまざまな脳の部位と関係してくることになる。

　それかあらぬか，現在の知能の遺伝学でも，知能を規定する遺伝子はたくさんあるとする，いわゆる「ポリジーン（多数遺伝子，または量遺伝子）説」が唱えられている。こうしたことを抜きにして，知能を単純にある脳の部位に還元することはできない。

3）精神的遺伝の研究法

　精神的特質の遺伝について研究しようとすると，主にそれらは肌の色のように直接目で見ることはできないので，どうしても知能テストとか性格テストのような媒介的な測定用具に頼ることになる。これが，身体的特質の場合よりもいっそう精神的特質の遺伝研究を複雑にしていることを見てきた。

　精神的遺伝の研究には，もうひとつやっかいな問題がある。それは，実験的方法の限界や制約である。

　遺伝の実証的研究は，周知のようにエンドウ豆の交配という方法をメンデルが編み出したことによって始められた。例えば，表面にしわの寄る種類と寄らない種類をかけ合わせると，一代雑種では，しわの寄る豆だけが生まれるが，それをさらにかけ合わせた二代雑種からは，しわの寄るもの3に対し，寄らないもの1の割合で豆が生み出されるとする。こうした事実は，しわが寄るか寄らないかは特定の遺伝因子によるもので，かつしわが寄るという遺伝因子の方が寄らない因子よりも，その作用を発現する力が強い（優勢）という仮定によって見事に説明できる。ここから，遺伝という潜在的なものを実験的に突き止めることが可能になった。この方法は，「交配実験」と呼ばれている。

　ところで，植物や動物に対しては当然のように行われている交配実験の手法は，人間に対しても適用できるだろうか。人道上の理由によって，不可能なことは言うまでもない。

　精神的な特質は，人間の最大の特徴とも見られるから，もちろん，交配実験のような方法でその遺伝性を確かめることはできない。そこで，このような直接的な方法ではなく，より間接的な推測的方法に頼ることとなる。

　代表的なものは，いわゆる「双生児法」である。双生児には，一卵性と二卵性の区別がある。一卵性とは，同一の胚がたまたま

2人の個体に分かれて生育するので,遺伝的にはまったく同一である。二卵性双生児は,たまたま同時に受精した2つの胚がそれぞれ別の個体として生育したものだから,遺伝的には兄弟姉妹と同程度の遺伝的類似性（平均して,50％）を持つにすぎない。

ここで,例えば,知能の高さがどの程度似ているかについて,一卵性と二卵性双生児のそれぞれの相手と比較してみよう。予想される結果は,ほぼ2通りある。第1は,一卵性双生児の方が類似度が高い。もうひとつは,同程度の類似度である（純粋な組み合わせとして,二卵性の方が高いということも可能性としてはあり得る。なぜ,そう仮定しないのかは,各自考えてほしい）。

一卵性双生児は,遺伝的にも環境的にも同一であるが,二卵性は環境的には同一でも遺伝的には差異がある。だから,一卵性双生児の類似度が高ければ,それは遺伝的要因が寄与したものだと考えられるだろう。しかし,もし類似度は同じということなら,遺伝要因は何も働かないことになるから,知能の類似度はもっぱら環境条件が同一だということに帰着される。つまり,知能を作るものは,環境だということになろう。

従来の研究結果を概括すると,かなりの幅はあるものの,一卵性双生児の類似度がはるかに高いとするものが多かった。代表的な一例は,イギリスの著明な知能心理学者C. バート（彼はその業績によって爵位を授けられている）の資料をアメリカの心理学者A. R. ジェンセンがまとめたものである（図1-1）。

図中の相関係数とは,大まかに言って2つの指標の類似性（並行関係）を表す統計的指数であり,+1に近づくほど類似性は高まるし,0に近づくほど低くなる。また,身長は,身体的特徴の中では,最も遺伝規定性の高いものと言われる。知能と身長との類似性を比べるためには,両者を測る単位が違っていると比較できないから,双方を同じ目盛で比べられるように置き直した尺度

■図1-1 いろいろな血縁関係にある者同士の身長，知能，学業成績の類似度（ジェンセン，1969）

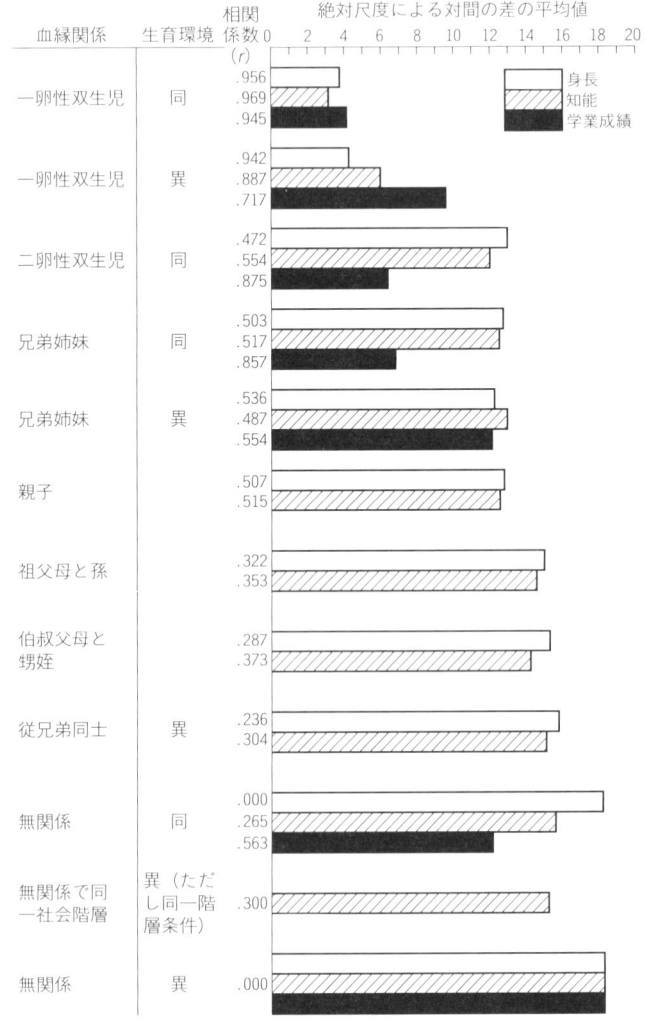

(偏差値)を絶対尺度と仮に名づけてある。

 これを見ると,一卵性同士は同環境であろうと異環境で育とうと,知能(具体的には,IQ つまり知能指数)の類似度は,極めて高かった。対する二卵性双生児同士の類似度は,兄弟姉妹と同程度にすぎないこともわかる。さらに,IQ の類似度と身長の類似度とは,ほぼ同程度である。これらは,知能は身長と同じくらい遺伝によって規定されていることを示す。

 ジェンセンは,この資料をもとにして,知能が遺伝によってどの程度決定されているか(遺伝規定性係数)を算出し,80〜90％くらいと見積もっている。この数字が正しければ,知能はほぼ遺伝によって決まることになるから,先に見たアメリカでの代理親の IQ や学歴が高いほど,代理料は高額になるという話もうなずけることになるのだろう。

 以上のように,双生児法の論理は,血縁関係が高いほど知能の類似度は高まるはずということを基本にしているから,これを一般的に拡張して,血縁的類似度が高いほど知能その他の精神的特質の類似度も高まるかどうかを見る方法を「血縁法」という。ジェンセンのまとめた図は,血縁法の一例にもなっていることが知られよう。

 図 1-1 でもう 1 つ注目されるのは,血のつながりはまったくなくても同一環境で育つと(例えば,実子と養子),学業成績の相関は高まることである。ジェンセンは,これについて,学業への動機づけがかかわっているので知能そのものとは無関係としている。しかし,同じ一卵性の双生児でも異なる環境で育つと,学業成績は同環境の場合よりくい違いが大きくなるようだということも,図から見てとれる。活き活きした関心がなければ,才能も宝の持ち腐れになりかねないのは,日常よく経験するところだ。知的関心を広い意味での知的能力に数えるなら,ジェンセンのよう

な強固な遺伝論者の資料にすら，それだけでは説明できない能力，むしろ，環境条件のかかわる要素が出現することを忘れてはならない（バートの資料には，捏造の疑惑も指摘されている）。

精神（心）的遺伝の研究法には，このほか，血縁法のひとつの応用として，養子の性格や能力は養父母（環境要因）に似るか，実父母（遺伝要因）に近いかを見る養子研究，同じ才能や病理が同一家系の中に繰り返し出現するかどうかを見る家系研究などがある。また，アイスランドのように人口移動が少なく，しかも各種資料がよく保存されていて，家系ごとの進学歴や病歴などの心的性質の検討とそれらの追跡や相関関係などの算出が可能な国，あるいは，北欧諸国のように早くから社会福祉が実現され各種疾患についての資料追跡が可能な国などでの大量家系研究なども，近年になって発展してきた。

4）行動遺伝学

精神的性質のうち，従来，知能と並んで遺伝規定性が強いと見られてきたのは，統合失調症（精神分裂病）やその病前気質である分裂病質や，さらにはより一般化されたものとしての分裂気質などであった。かつては，統合失調症は，ほぼ100％遺伝的素質によって発症が決定されているという主張も見られた。

しかし，このような学説が優勢だった20世紀の前半から後半にかけての時代には，主な資料は入院患者のケースから得られていた。逆に言うと，大量の人口統計資料は得られていなかったので，限られたデータだけをもとにして論証を行うしかなかった。入院患者は，比較的重症の患者に限られるから，それに伴う偏りが当然あったと考えられる。そのような偏りをなくすためには，できるだけたくさんの資料を集めるよりほかにはない。

その点で，北欧諸国で集められた大量の資料は極めて重要なも

のである。古いアメリカ中心の入院患者の研究資料では、統合失調症は、ほぼ100％遺伝因子によって発症するわけだから、同一遺伝子を持つ一卵性双生児のペアでは、一方が発症すれば、他方も必ず発症することになるはずである。事実、ある研究では、発症一致率は、ほぼ98％に及ぶとされている。

ところが、北欧諸国における大量資料を用いて一卵性双生児間の統合失調症の発症一致率を調べると、統合失調症の診断基準がより厳密になったことも手伝って、一致率の数値は60〜70％くらいになった。こうなると、100％近い数字は誇張にすぎないことになる。

さらに興味深いのは、統合失調症の親子間の発症率が必ずしも対称ではないことである。もし遺伝だけで発症が決まるなら、親子の遺伝子の共有率は対称であり、当然等しい。だから、親が統合失調症の場合の子どもの発症率と、逆に子どもが統合失調症の時の親の発症率とは、等しくなくてはならない。ところが、事実は違っていた。親が同症にかかっている時の子どもの発症率の方が、逆に子どもが罹患している場合の親の発症率よりはるかに高いのである。

これは、どう解釈されるべきか。ひとつの有力な説は、統合失調症の発症には、遺伝因子だけでは必ずしも十分ではなく、それに加えて、幼児期のストレスの高い環境条件が一役買っているというものである。親が統合失調症を発症した場合、通常よりは子どもへの理解が偏ったり、一方的なしつけがなされたりするため、それが幼児にストレスとなり、その加重が後の発症を起こしやすくするというものである。このことは、統合失調症が遺伝だけでは説明できず、環境の影響も加わることを示している。ただし、この場合の環境の影響とは、誰に対しても無差別に働くものではなく、統合失調症の遺伝子を持つ幼児に対して、ことさら効

果を現すものである。つまり，これは，遺伝=環境交互作用を示す鮮やかな一例となっていることに注目しなければならない。

　以上から，大量の偏りのない資料を集めることの重要性が知られるであろう。このような反省に立って，近年，アメリカ，イギリスなどを中心として，行動遺伝学という古くしてまた新しい分野が発展しつつある。読んで字の通り，行動——普通のことばで言う知能や性格など精神的特徴の具体的発現——の遺伝様式の研究という伝統的分野を指しているが，その新しさとは，上に挙げたように，偏りの少ない大量の資料を集め，それらを系統的に分析して，遺伝・環境・両者の交互（相互）作用の3つの効果を統計数理的に取り出そうとするところにあろう。その成果を簡単にまとめるのは難しいが，おおむね次のようになろう。

　第1は，知能（IQ）や内向・外向などの知的・性格的特性が遺伝により規定されることが改めて確認されたこと。ただし，その遺伝規定性の高さは従来考えられていたほどではなく，多くが50％前後と見積もられている。

　第2は，遺伝=環境交互作用についての数量的分析が進み，その効果が一般的に確かめられてきたことである。例えば，日本の研究では，IQの高い青少年には文法中心の英語教授法が，逆にIQが相対的に低い者には直接コミュニケーション方式の方が学習効果が高いなどが確かめられている。

　第3は，従来環境条件の効果と言われるものは一般的普遍性を持つもの，つまり共有環境を指すことが多かった。しかし，性格形成においては，むしろ非共有環境の影響が大きいことが知られた。兄弟姉妹の個性的違いが際立つというような場合，こうした条件が働いているのであろう。

5) まとめ

　現在の世界は，国家，人種，社会階級，企業，個人など，さまざまな分野で2極分化が進みつつあり，格差の拡大が目立つ。こうした傾向をどのように合理化したらよいか，その解釈や根拠は隠れた社会問題にもなっている。

　それに対するひとつの回答は，素質＝遺伝論であろう。恵まれた素質を持つ者が，恵まれた地位につくのは，自然であり合理的とするものである。

　この点では，いわゆる先進国文化の中でも意見が分かれるだろう。欧米諸文化には，やはり生得説の伝統が根強く，遺伝論の傾向が優勢になりがちである。これに対して，中国・韓国・日本など，儒教文化の影響の強い国では努力主義の価値観が根強いので，素質よりは意欲や努力が強調されやすい。

　遺伝生物学の進展につれて，アメリカで再び遺伝論が台頭しつつあるのは，もともとの傾向に拍車がかけられたためであろう。しかし，すでに触れたように，精神的特性については，遺伝子の所在も確かめられたとは言えず，仮にそれらが見つかったとしても，その働きを論証するには，従来の精神的遺伝についての研究法を使って，特性と遺伝子との対応関係を正しく突き止める必要がある。また，生物学者の中にも，ヒトとチンパンジーの違いをわずか1〜2％の遺伝子の違いに求めるのは無理と考えるためか，文化的遺伝子（ミーム）――ここで詳細を述べるのは無理だが，例えば，結婚制度のような文化的産物が自己複製し拡大していく仕組み――を想定する人もある。遺伝子万能論も，やはり行きすぎではなかろうか。

　日本でも，また，新たな階層化の進行が警告されている。いわゆる一流大学に進学する学生は，相対的に高い階層，高い学歴の両親を持つ子弟によって占められつつある傾向は，かなり以前か

ら目立っていた。近年これについての研究も進行し、勉学時間すら階層によって大きな差のあることが指摘されるようになった。一方、日本の子どもの学力低下は、これまた近年著しい。このままでは、学力の2極分化は急速に進み、親の持つ階層が拡大再生産される時代に入りつつあると言えるだろう。それは止むを得ないことなのか、それとも望ましくないことか、日本の文化にとって深刻な問題が突きつけられている。教育論としても、かつて経験しない新しい葛藤に今後は直面していくに違いない。

　ここで概観してきた知見によれば、遺伝の持つ意義はむろん否定するべくもないが、しかし、その比重はひと昔前の学界で信じられていたほど大きくはないようである。一方、素朴な環境論も、例えば非共有環境の役割など実証的な再検討と見直しが必要であろう。とりわけ、素質との交互作用にからんで発現する環境の役割には、いっそうの注意が促される。公平な視点に立つ新しい教育論が待望される時代である。

III 初期発達と人間環境

1）育児放棄の事例

　1970年代のはじめ頃、当時新聞やテレビの報道を連日賑わした虐待遺棄事件が起こった。あらましは、満6歳と5歳になったばかりの2人の幼児（姉と弟）が戸外の小屋に1年半にわたって閉じ込められていたというものである。この事件を報道した新聞記者の一人は筆者の旧知であり、また教育問題に熱心な人でもあった。新聞には1年半の遺棄ということしか報じられていなかったのだが、筆者は、この知人から、単純な遺棄事件とは見られないので一度2人を観察し、所見を述べてほしい旨の依頼を受け、

事件の1か月半後，2人を収容していた施設を訪れたのが，この事例にかかわった契機であり，その後約20年にわたって2人の追跡研究に携わった。

　先に触れたように，現在の日本で虐待事件が本当に急増しているのかどうかには，異論も多い。しかし，ひとつ確かなのは，この事件当時の日本では，幼児の虐待や遺棄は例外的なこと，あり得ぬことと見られていた点であろう。「イヌがヒトを嚙んでも記事にはならないが，ヒトがイヌを嚙めば事件になる」とは，ジャーナリストのよく引くことばである。その頃はまだ，虐待はヒトがイヌを嚙む事件だったということは，銘記されてよい。

　もとに返れば，筆者が2人を訪ねた施設とは，乳児院だった。そのこと自体が，大きな驚きだった。乳児院は，発達の遅れた子どもは，満2歳までなら収容してよいことになっている。しかし，満6歳・5歳を過ぎた子どもが収容されているとは，前代未聞のことだった。しかも，訪れた時間，ヨチヨチ歩きのできる子どもたちは，プレイルームで保育者とともに過ごしていたのだが，10人ほどの発達のやや遅れている2歳未満の子どもたちに交じって，どの子が当事者なのか，筆者にはまったく見分けがつかなかった。これは，第2のショックだった。

　あとで思い起こすと，その時，姉の方は，担当保護者の膝にしがみつくように座っていた。弟はというと，オシメをした歩き始めの子ども独特のヨチヨチ歩きで動き回り，たまたま誰かが立ち上がって空いた保育者の膝の上にところかまわず，ドシンと座り込んでいたという光景が印象に残る。この最初の光景は，2人の担当保育者に対する関係を象徴するものだった。

　以上から察しがつくように，当時の2人の体位は極めて貧弱なものだった。救出時，身長はともに80cm，体重は姉が8.5kg，弟は8kgにすぎなかった。当時の平均の体位は今日よりかなり

■図1-2　F・Gの初期の体型

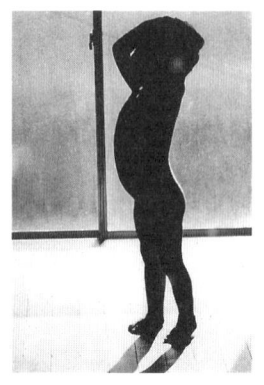
Fの初期の体型

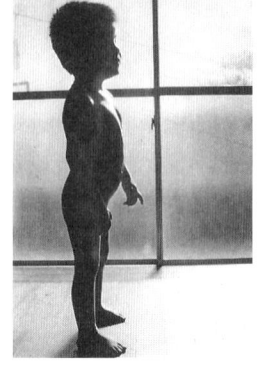
Gの初期の体型

低い値なのだが，それをもとにして計算しても，ほぼ1歳程度，せいぜい1歳少し過ぎというところにとどまる。

　身体的成長がそのようであるなら，精神的成長もまた遅れが大きかった。救出時，2人ともつかまり立ちがやっとで，いざり歩きしかできなかった。また，直後に収容された児童相談所の記録を分析すると，姉はそれでも「クックー（靴）」「ダッコ」「イタイ」など数語を持っていたと推定される。しかし，弟の方は，完全に発語は0だった。歩行と発語の水準も，ほぼ1歳少し過ぎくらいの状態にあるから，心身ともに1歳を多く超えず，1歳半には届かないというところだろうか。

　図1-2は，2人の救出時の体型をシルエットで撮ったものである。新生児はほぼ4頭身の体型で生まれるが，他の高等類人猿はみな成体をそのまま縮尺した体型で生まれる。頭部が大きく生まれ，生後次第に躯幹部が伸張して，成人の体型に近づいていくのはヒト科だけの著しい特徴だと言われる。そこで，体型だけを見

■表1-1　遠城寺式・乳幼児分析的発達検査表の結果（藤永他，1987）

（生活年齢）〈歳：月齢〉	移動運動	手の運動	言語発達	情意の発達	知的発達	社会的発達
F(5:11)発達年齢	1:3	2:6	0:5	0:11	0:11	1:6
EQ	20	41	7	15	15	25
G(4:11)発達年齢	1:0	3:6	0:7	1:6	0:11	1:3
EQ	20	71	11	30	18	25

ても，大まかな発達水準は知られるのだが，2人の体型は救出時ほぼ5頭身であるのがわかる。これは，およそ1～2歳の水準であるから，質的な意味でも，発達水準は1歳半を超えないという上の量的水準と一致している。

なお，児童相談所付属施設には，救出後約1か月間収容されていたのだが，その間「遠城寺式発達検査」が実施されている。その資料によると，表1-1のような結果が得られている（以下，便宜上，姉をF，弟をGと呼ぶ）。

検査結果は，分野別の発達年齢と発達指数（EQ，知能検査のIQと同様な指数で100が標準，上回るほど発達は進み，下回るほど遅れていることを示す。一般的にはDQで表す）で表示されているが，2人とも，言語発達と知的発達の遅れがひどく，手の運動は遅れが少ない。無理に平均すれば1歳半程度であり，今までの観察資料と一致しているが，加えて，分野別のアンバランスが極めて大きいことにも驚かされる。

2) 虐待の経緯とその影響

なぜ，このような極端な遅滞が生じたのか，それには多少とも家族状況その他2人の生育事情を語らねばならない。以下述べる

ことは，今後の日本の社会状況ではいくらでも続発しそうな事柄であり，他山の石ともなるからである。

遺棄を招いた直接の理由は，父親の失業からくる経済的貧困であった。加えて，一家は典型的な貧乏人の子だくさんという状況にあり，母親のわずかな内職収入と生活保護が最低生活の支えとなっていた。見かねた民生委員が，住職が不在となった空き寺に留守番代わりとして，一家を住み込ませた。

母親は内職と家事に手いっぱいで，生まれてきたFとGとの世話は，2～3歳年上の2人の姉に任せきりだった。実を言うと，耐えかねた母親は，怠け者の父親に愛想をつかし離婚を決意したこともあったのだが，いろいろな事情によって，これは実現しなかった。「子はかすがい」とは，日本の伝統的な諺ではあるが，この場合は，悪い意味でのかすがいだった。FとGとが相次いで生まれた頃には，疲れきった母親には養育の意欲もなく，むしろ，子どもがいるばかりに離婚できないという疎ましさの感情だけが募ったのではなかろうか。FとGの養育を託された2人の姉にしても，遊びたい盛りで十分な養育能力はなく，食事の世話くらいが精いっぱい，排泄のしつけなどは行う余地もなかった。また，幼い養育者とあっては，FとGに対するコミュニケーションは乏しく，特に言語的働きかけはほとんど欠けていたと推定される。FとGとは，出生直後から，生存上の最低限の世話しか受けず，心身両面での極限に近い養育放棄の状態で育ったと思われる。後に述べるように，このような養育放棄が遅滞の主因であった。さらに，貧困によって一家全員1日1食が長期にわたって続くこともあったという栄養不給が，発育不良に輪をかけたものと思われる。

養育不全のための発達遅滞は，早くから知られていた。その緒となったのは，いわゆる施設病（ホスピタリズム）であり，20

世紀の初頭にアメリカとヨーロッパの双方でほぼ同時に調査結果が発表されたのに始まる。

　施設病とは、読んで字の通り、乳児院・孤児院などの施設に収容された乳幼児の死亡率が異常に高く——90％以上に達するところがまれではなかった——、施設に特有の病気ではないかが疑われたことに由来する。子どもの多くは、はじめかぜをひき、それが悪化して肺炎のような症状を示し急死したと言われる。そのほかにも、慢性的な食欲不振から衰弱を招き、緩慢な死に至る場合もあったとされるが、ともかく、かぜの予防のため、面会人を制限するなどの処置が取られた。しかし、これでははかばかしい効果がなかった。原因が本当に突き止められるには、約40年後のアメリカの小児精神科医 R. スピッツの追跡研究を待たねばならなかった。（公式の学史では、そう書かれていることが多い。しかし、当時から施設内の処遇を改善することで死亡率を下げることができたという報告も見られるから、原因もうすうすは気づかれていたのかも知れない。当時のヨーロッパ、アメリカなどの先進国は鉄道敷設事業などを中心としたいわゆる第2次産業革命の時代であり、都市への人口集中が加速されていた。必然的に貧困層が生まれ、低階層の居住地域から子育てのゆとりがないまま大量の遺棄児童が発生し、それらの子どもが多く施設に収容されていたという背景を忘れてはならない。収容児の処遇がお粗末なものであったろうことは容易に推察がつく。）

　また、当時は先進国といえども衛生水準は極めて低く、一般の乳幼児死亡率も現在とは比較にならないくらい高かったことも忘れてはならない。現在の日本の乳児死亡率は世界でも最低であり、1000分の3程度だが、20世紀初頭では、ほぼ16％と推計されている。

　スピッツは、普通の家庭児と2か所の対照的な施設に収容され

ている乳幼児，それぞれ約100人という3つの群について，その発達状況を追跡した。1つの施設は，看護師の常駐する最新の乳児院で，物質的設備は極めてよく整っていた。これに対して，もう1つの施設とは，非行を犯した女性の母子更正寮であった。常識的に想像すると，前者は設備も整い，医療上の配慮も行き届いているはずだから，子どもは健全に育つと思われるだろう。これに対して，後者は，設備も貧しく人間的な環境も良好とは言えない（女性の非行は売春が最も多く，こうした職業を選ぶほかない人は，また知能水準が低いと見られていた）。だから，後者の子どもには障害や遅滞が多いと予想されるだろう。

しかし，事実は正反対だった。後者の施設で育った子どもは家庭児と同様にすくすく成長したのに対し，最新の乳児院にいた子どもたちの発達状態はあまりにも惨めだった。91人中，2年目までに34人が死亡した（死亡率38％，これは20世紀初頭の90％以上に比べればはるかに低いが，一般の死亡率もこの時代には急速に低下し，日本でも7％程度になっていたから，相対的には同じような高率だった）。同じ施設に2歳半〜4歳までとどまった21人の子どもについて見ると，平均発達指数（DQ）はわずか45にすぎず，発達の遅れがいかに大きかったかがわかる。具体的に述べると，まったく歩けない者5人，ひとりでスプーンを使って食べることのできない者12人，排泄のしつけができていない者6人，言語発達に至っては，何とかしゃべれる者はわずかに1人，3〜12語を持つ者14人，まったく話せない者が6人もいるなど，特に遅れが目立った。DQ45は，暦年齢2分の1程度の発達状態ということになるが，上に抜粋した様相もとても2歳には見えないほどのものである。

この大きな違いは，どこから生まれるのだろうか。更正母子寮の場合，普通の常識からすれば，物質的・精神的両面で優れた条

件は持っていない。しかし、ただひとつ、ここでは母親が自分の子ども、時にやむを得ぬ理由で他人の子の世話をする場合も含めて、養育者1人に子ども2人の割合だった。最新の乳児院では、しかし、看護師1人に対して子ども10人の比率だった。こうした養育関係の手厚さというただ1つの条件が、その他すべての条件を上回る大きな力を持っていることが、改めて確認されたのだった。

　施設病の第1の特徴は、早期死亡率の高さだが、幸い死亡を免れても、スピッツのデータに見るように、心身の発達遅滞が生じる。さらに、何とか成長し得ても、この分野の世界的権威J. ボウルビーは、青年期に至っての非行という反社会的傾向が出現するとして、これに「情愛欠如（affectionless）」という名を与えている（これには、しかし、その後単に初期の養育欠如や不全だけから非行が生じるのではなく、家庭内不和のようなその他の条件が付加された結果だという異論も提起されている）。これら3段階の問題群を総称して、「施設病」と呼ぶ。

　しかし、施設病の真因が明らかになってみると、この名称は施設それ自体が原因という誤解を生じかねないので、現在はそれに代わって「マターナル・ディプリベーション（maternal deprivation）」（「母親剥奪」などと訳されることもあるが、筆者は、これについて「養育者不在」と「養育者喪失」の2つの症状に訳し分けるのが適切と考えている）と呼ばれるようになった。施設病は歴史的名称と考えるべきであり、今後は使われるべきではない。ただ、マターナル・ディプリベーションにも、母親が唯一の養育者というニュアンスがあるので、必ずしも適切とは言えないが、ほかにこれに代わるよい名称が見当たらないというのが現状と言えよう。付け加えれば、マターナル・ディプリベーションは、F・Gの例に見られるように、施設特有のものではなく、生みの

母親のもとに家庭で育てられている場合にも，当然起こり得る。これを，特に「隠れたディプリベーション」と呼ぶこともある。

　F・G 2 人の示した発達遅滞は，マターナル・ディプリベーション一般に見られるものにほかならない。ただし，スピッツは，遅滞は平均して暦年齢の半ばくらい（DQ50 程度）としているが，この 2 人の DQ は救出時ほぼ 20〜25 くらいと見られるから，前代未聞の遅滞であることは，やはり疑えない。最初期から，生存さえ危ぶまれるほどの極度の養育放棄に加えて，栄養不給が輪をかけた結果であろうと思われる。

3）臨界期説と愛着形成

　スピッツは，マターナル・デプリベーション症状について，重大な提言をしている。それは，後の用語で言い換えるなら，初期発達のもつ「臨界期的性質」の指摘と言ってよい。

　生物発達上の臨界期とは，字の通りに，ある特性が白になるか黒になるか，全か無かが決定される，その境い目となる特定の発達期を意味している。この用語の端緒となったのは，ノーベル生理学賞を受賞した K. ローレンツによる有名な刷り込みの実験である。アヒルなどの大型早成種鳥類の卵から人工孵化したヒナ鳥を，生後数時間くらいの期間にヒト，他種の大型の鳥，オモチャなど，適当な大きさと音声を持ち動く対象に接触させると，それらのヒナは実際の母鳥には見向きもせず，初めて接触した対象物の跡を親であるかのごとく追って歩くというのである。言わば，白紙の上にそれらの対象が親として刷り込まれた状態と言ってよい。何を親として認知するかは，この時期の接触対象によって左右されるのである（しかし，当初，この刷り込まれたイメージの変更は不可能と考えられていたが，後の検討により，そうとは言いきれないことが判明した。そのような新しい知見によって，決

定的というニュアンスの強すぎる臨界期という表現を避けて，「敏感期」と呼ぶ人もある）。

　跡追い行動は，トリの場合，親としての対象への愛着成立の印と見られる。ローレンツの実験はトリを対象にしたものだったが，哺乳類やサルの類などに対しても実験的検討が行われ，類似した様相も認められた。ひいては，ヒトに対しても同じ刷り込み理論が適用されるかどうか，論議されるようになるのは，自然の勢いだった（近年になって，アメリカの新生児医療界では，出生直後から母親が新生児を抱きしめ共に過ごすことが後の母子関係によい影響を及ぼすといった説が唱えられていることなどに，刷り込み学説の影響を見ることができよう）。こうして，また，乳幼児期は，人間発達の上でも，一種の臨界期的意味を持つのではないかという発想も必然的に生まれることになる。

　刷り込みに関連してもうひとつ触れねばならないことは，刷り込み実験の際，跡追いを困難にするような条件を作ると，予想とは逆に，跡追いの強さはかえって増していくことである。親に見捨てられるのは新生児にとって死活にかかわるから，よく考えるとこれは当然とも言える。ヒトもまた動物界の一員にほかならない。長い進化の過程を通じて，同じ仕組みを備えるようになっているはずである。すると，虐待はかえって子どもの不安を増大し，跡追いを強めさせ，一見子どもはむしろいっそう母親を追い慕っているように見えるかも知れない。虐待を受けた子どもの多くは，自分が悪かったからだと考えているのは，その裏づけとなろう。これが，虐待を見えにくくしているかも知れないことは，心得ておく必要があろう。

　話を戻すと，スピッツは，発達初期に受けた損傷は，専門的療育の手をつくしても，最大限3分の1しか取り返すことはできないとしていた。これが，一種の乳幼児期臨界期説であることは言

うまでもない。F・Gの場合で見れば，DQ は 20 程度と算定されるから，損傷は DQ の低下 80 で表される。その 3 分の 1 はたかだか DQ にして 27 と計算される。すると，成長後の DQ（IQ）水準は，20＋27＝47 となり，とても自立は望めないという予測になるだろう。

ひと頃大流行した「幼稚園では遅すぎる」説も同じ臨界期説の系譜に属することは言うまでもない。その波紋は，広くまた深かった。とすれば，臨界期説が正しいのかどうかを，F・Gの事例によって検証してみることは，子育ての原点や定数を見きわめるためにも，重要なことではなかろうか。

結論から先に言えば，FとGの2人は，現在中年期に差しかかり，Fは4児の母として，Gは社会人として立派に暮らしている。スピッツの予測は，その意味ではまったくはずれていたと言えよう（これは，回復が完全だったという意味ではない。例えば，体位は2人ともかなり小柄という域に止まっている）。

FとGとの回復の過程について，ここでは言語獲得についてのわずかな例しか述べることができないのはまことに残念なのだが，総体的に言えば，人間の発達の驚くべき柔軟性や可塑性を示すものだったと言う方が正しいだろう。

1つ2つだけ例示すると，最も回復が早かったのは，常識的予想に反して，身体発達や運動能力だった。もう入学年齢に達しているのに，せいぜい1歳半くらいの体位や運動水準では果して追いつけるのか，誰しもそう思うことだろう。ところが，救出直後から目ざましい身体的成長が始まった。これに伴うように，運動能力も日増しに向上した。すでに述べたように，筆者が初めて見た時点ではヨチヨチ歩きしかできなかったのに，6か月後にはもう小走りくらいは可能になった。これらの運動能力の進歩を見るために，運動能力テスト・バッテリーを作り，遅れのひどい場合

は励まして，練習に誘った。こうしたことが功を奏したのであろうが，1年後には早くも三輪車を乗りこなせるまでになった。

こんな経過をたどり，2人とも2年遅れで就学できることになった。しかし，本当の苦労はそれからだった。日本では，言語能力や算数能力などの学業成績と関連する側面は，学習とりわけ努力によると信じられている。また，身体発達のように物質的代謝や生理学的法則に依存するものよりは，教授＝学習その他の環境条件の影響を受けやすいより柔軟なものだとも思われている。

我々は，それまでの研究結果に照らして，マターナル・デプリベーションを受けた子どもは，言語遅滞が大きいことはむろん心得ていた。そのため，同じ施設に収容されていた同学年児の集団とともに，またある時は2人だけで，就学前から特別のプログラムを組み，1週間2回の割合で大学院生が特別指導したにもかかわらず，学力はいっこうに伸びなかった。例えば，九九の暗誦が課業になった時，やっと3の段を卒業して4の段に移ると，もう3の段はきれいに忘れているなど，賽の河原の石積みのようなむなしい努力を繰り返したのを思い出す。大まかに言って，言語能力を中心にした学力は小・中ではほぼ最低線，やっと伸び始めたのは高校に入ってからだった。カナダの孤児院の進路研究では，最も回復困難だったのは社会性の発達分野だったが，F・Gの場合もほぼ同様と言える。いわゆるソフトの分野の方が，回復はむずかしかった。

発達の可塑性を示す劇的な例証は，F・Gの永久歯の発生である。救出約2年後，2人とも栄養不給状態で育ったにしては，きれいな歯並びを持っていたが，もはや8，9歳に近づいているにもかかわらず乳歯のままだった。そこで顎骨のレントゲン写真を撮ってもらったところ，まったく永久歯の歯芽が認められないことが判明した。診断した医師も，この前代未聞の事例にとまどっ

て，ことによると永久歯は生えてこないかも知れない，乳歯はやがて抜けるだろうから，義歯にしなければならないのかもと疑問を呈したままだった。ところが，救出約6年後にようやく乳歯が何本か抜け始めたので再びレントゲン撮影をしたところ，今度は永久歯の歯芽が確認されたのだった。ちょうど，救出された時，1歳くらいの状態のまま歯の発生は凍結されていて，それからようやく通常の発達軌道に乗ったかのようであった。こうした調節機能がどこに仕組まれているのかは不明のままだが，人間発達の持つ驚くべき柔軟性を示唆しているとは言えるだろう。この例については，暦年齢で固定するような臨界期説は，ほとんど当てはまらない。

　回復過程については，もう1つ印象的な例を挙げよう。FとGとの間には，当初から多少の言語獲得上の差異があったことはすでに触れた。筆者が救出約1か月半後に訪れた時点では，その差ははるかに拡大していた。Fの方は，すでに3語文を話し，コミュニケーションの意図も明確だった。これに対し，Gの方も2語文程度をしゃべるように見えたのだが，録音をとって分析してみると，ほとんどがその少し前に保育者の話したことばのオウム返しにすぎなかった（延滞模倣）。発音も極めて不明瞭で，「コモヌリー」に聞こえることばが，本当は「鯉のぼり」だったりした。Fは，ことばだけで十分意図を説明できるのに対して，Gはそうではない。その意味では，ほとんど質的な差が生まれていたと言ってよい。

　F・Gのここまでの言語獲得の経過で見る限り，少なくとも2つの促進条件を区別しなければならない。第1は，言うまでもないようなことだが，通常の社会的環境条件の影響である。

　図1-3は，筆者が初めて訪れた時，Gに目，鼻，口はどれと質問した時の写真であり，これらは十分指示できるようになって

■図1-3　Gの鼻さし

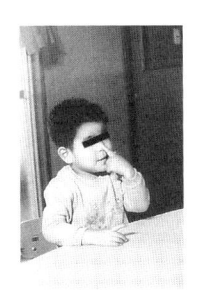

いるのがわかる。しかし，救出直後の児童相談所の発達検査では，上のような基本的人体語も理解できないとされている。収容施設では，いずれの保育者も，これらのことばを意図的に教えた形跡はなかった。しかし，乳児院の中では，「～ちゃん，オハナ拭いて」といった会話が常に飛びかっている。こうした不断の言語的刺激が，言語環境のほとんど欠けていた養育放棄事態から見れば奇跡を演じているかのように，速い語彙獲得を可能としたのだろう。しかし，それだけでは先に見た2人のコミュニケーション能力や3語文可能な文法（統辞）能力などにみる大きな違いは説明できない。

　違いを解く鍵は，担当保育士との間の愛着関係の違いにあった。Fは，最初の印象に見たように，担当の保育者にすぐになついた。しかし，Gはベテラン担当保育者が努力したにもかかわらず，相性が悪くどうしてもなつかなかった。この違いは，FとGが保育者と2人だけで遊ぶ場面を作ってみると，際立った。

　Gは，保育者の話しかけにあまり反応せず，ひとりで単調な繰り返し遊びにふけることが多かった。しかし，Fは，保育者に身ぶりや視線で要求を伝え，保育者は「ああこれ，パンダ欲しい

の」というようにことばで答え、こうして相互交流的なママゴト遊びなどを発展させていった。保育者にとり、Fに対する話しかけは必要でもあり必然でもあった。

考えてみると、このような一方は身振り語、他方はことばによるコミュニケーションは、発語前の幼児と母親との間では、当たり前すぎるほどのことである。しかし、この過程は、言語獲得の上で案外重要な役割を演じているのかも知れない。

FとGとの言語発達の差は、その後も拡大していった。ついに施設側と相談して、2人の担当保育者をともに交代し、別のベテラン保育者が2人を共通して見るという措置を取った。今度は、幸いGもすぐにこの人になついた。Gの目ざましい言語発達は、これから始まった。4～5か月後には、日常のコミュニケーション状況なら、あまり大きな差はなくなった。この経過は、極めて雄弁に養育者との愛着関係の成立が言語発達に大きな影響を与えることを示したものと言えよう。

この事例は極端なものであるだけに、かえって示唆するところは大きい。簡単にまとめるなら、第1に挙げるべきは、人間発達の持つ柔軟性と可塑性の大きさであろう。今まで、精神分析学の伝統を継いで、乳幼児期臨界期説という宿命論の変形が主張されることが多かった。これについては、最近の脳科学の知見なども借りて、より冷静な検証が望まれるが、本事例は、極限の遅滞もかなりよく取り返すことができることを示したと言ってよい。

しかし、では臨界期説をまったく無視してよいかと言えば、そうではない。F・Gの妹で、生後2年まで同じような遅滞を示しその後養子にいきかわいがられて成長した子どもとの対比で言えば、この妹の方は小学校3年生の段階ですでに平均以上の発達水準に達していた。生後5～6年にも及ぶ養育放棄は、やはり2人の持つ潜在的発達可能性（例えば、身長、言語能力など）を目に

立つほどに損なったことも事実である。この警告は，決して無視されるべきではない。第1，第2を合わせて考えるなら，乳幼児期の養育の重要性は他の時期よりもさらに大きいという結論を導く。このことは，一般医学で言われる「治療よりは予防」という原則と軌を一にしている。

しかし，何と言っても大きいのは，Gの言語発達にひときわ鮮やかに現れたように，養育者=子ども関係が人間発達に測り知れぬほど大きな影響を与えている点である。施設病以来マターナル・デプリベーションという表現により強調されてきた原則は，印象的な裏づけを得たと言ってよい。むろん，これは生みの母親が唯一無二の養育者という意味ではない。誰であろうと，心の通い合う養育者を持つことにより，子どもは初めて健全に成長することができる。この原則こそ，子育てにおける不変の定数をなすと言ってよい。

Ⅳ 育児・しつけ・教育

育児・しつけ・教育と並べると，ことばの外見に惑わされて，この3つは別物と思い込みやすい。しかし，F・Gの事例の教えるもうひとつの教訓は，養育の放棄が死亡や遅滞を導くこと，逆に言えば，日常何気ない育児の営みこそ成長の土台になっていることの発見であった。E. H. エリクソンは，乳児期の発達課題として，子どもが，この世界が自分を温かく迎え入れてくれるという感覚を確立することを挙げている。この感覚の中心になっているのは，養育者への信頼であることは言うまでもない。それを身につけることが，成長，時によっては生存さえ左右しかねない人間発達の鍵なのだということは，何度繰り返しても足りないと言

ってよい。

　養育放棄が，なぜ死亡や遅滞に導くかの詳細はよくわかっていない。しかし，成長ホルモンの分泌中枢の損傷などの生理的障害に基づく発達遅滞と，養育放棄に基づく遅滞（心理社会的侏儒症，PSD）とは，質的に違うものだという証拠がある。前者には成長ホルモンの投与が有効であるのに対して，後者には正常な養育環境の回復が第一の対応策だと言われている。PSDとは，生理的障害ではなく，人間性の障害なのだと言ってよい。

　育児とは，苦労のみ多く社会的には報われることの少ない営みだと——現代では特に——信じられている。しかし，上のように見てくると，実は心身両面の成長のための必須の栄養素にたとえてもよく，軽視されるようなことがらではない（これは，決して昔に還れなどということではない。子育て危機の時代にこの原則をどう活かすかはむろん別問題である）。

　育児が人間性成長の土台にあるなら，それは最も広い意味での教育の営みと言い換えることもできる。育児と幼児教育は，別物ではない。ともに，子どもの成長を純粋に願う大人の希求から生まれるはずのものである。違いは，両者の持つ意図性，目的自覚性，計画性の段階の差にすぎない。こう見てくると，しつけとは，両者を仲介する段階の営みであることもまた明らかとなる。

　しつけは，国字では「躾」と書く。しつけというと，「〜流」のような微に入り細を穿つ特殊な礼法の訓育，こうした伝統が根深いために，育児のような一般的営みとは縁遠いものと見なされがちである。しかし，広く取れば，礼法も，他者に敬意を表し，あるいは不快感を与えないための行為の様式の訓練にほかならず，やはり社会性を養うための広義の教育であることがわかる。トイレット・トレーニングも食事のしかたも，普通にしつけと呼ばれているが，両者には共通した要素のあることも知られる。

では，現在の日本の幼稚園・保育園で「この頃の子どもはしつけができていなくて」という保育者の嘆きが聞かれるのはなぜだろうか。ひとつは，言うまでもなく手抜き育児のためであるが，それ以外にも見逃すことのできない理由があるように思われる。それを考えることは，また自らしつけの別の本質，別の側面を浮かび上がらせてくれる。

　要求授乳（子どもが欲しがるたびに授乳）か制限授乳（時間を決めた授乳）かの対比は，早期のトイレット・トレーニングの是非などと並んでしつけの基本問題のひとつだが，論争の本家だったアメリカでは，1950年代以降フロイト説の影響が浸透して，要求授乳の方向に舵が切られたと言われている（例えば，『スポック博士の育児書』）。

　これについて，文化人類学者M.ミードらは，興味深い見解を呈示している。アメリカの伝統的育児方式は，ピューリタンの教義，なかでもカルヴァン主義に従って早期からの衝動抑制という禁欲主義の原則が根強く，授乳様式も当然制限授乳が正統であった。しかし，1950年代に入り大量生産・大量消費というマス・エコノミーの時代にアメリカがいち早く突入すると，この風潮にも変化が見え始めた。それまでの勤倹節約，自助努力，厳格主義といった徳目に代わって，消費の美徳が説かれ，欲求の充足こそ価値だとする享楽主義（ファン・モラリティ）が説かれるようになる。

　授乳様式の変化は，このような社会思潮の変化と軌を一にするものだと，ミードらは言う。マス・エコノミー時代に適応的な人間とは，欲求充足の楽しみを知る人なのだから，乳児といえども，欲する時にお乳を与えるのがよく，欲求は制限されるべきではない，つまり，しつけとは，最も可塑性に富む乳幼児期に，明日の世界の価値をいち早く注入し適応的人間を作る営みなのだと

言うのである。この指摘は，的を射ている。しつけの持つ，より深い発達的意義が理解されよう。

しつけには，しかし，伝統的価値を伝承しようとする側面も否定できない。筆者は，ミード説を拡張して，しつけとは昨日と明日の価値との間の葛藤の場なのだと言いたい。そう考えると，仏教・神道の伝統に加えて中国由来の儒教的価値観などの広く深い影響を受けた日本や同様な位置にある韓国など東アジアの諸国では伝統的価値観もなお根強いため，しつけの上での——享樂是認か抑制かといった——葛藤もまた大きい。その解決に苦しむのは，半ば必然だということもわかる。早い話，食事の時に賑やかに楽しくした方がよいか，静かに1日を振り返る会話が望ましいのか，食事の作法などどうでもよいのか，これらの家庭での習慣はそのまま幼稚園・保育園にはね返ってくることを思うべきであろう。

日本の現状におけるしつけには，普通考えられている画一的社会化という側面とは裏腹な，個性化という働きも大きいことが知られる。そして，各家庭でのしつけ方針の差は，上に述べた葛藤のひとつの表れであることもわかる。

今日のしつけがなぜ困難か。ひとつには，昨日と明日を隔てる谷間の断絶が広く深いこと，もうひとつは，その明日の姿も定かには見えないことであり，2つの不安の重なり合いがいっそう問題を困難にしている。これに手軽な解決はないことを理解し，身近な集団や地域社会の中だけでも合意形成の模索を続けていく必要があろう。

第2章

認知と言語の発達

I 乳児の能力

1）乳児の世界

　働く母親の急増に伴って，0歳児保育への要望が高まり，実施する保育園や施設も次第に増えつつある。今まで，家庭で何気なく行われてきた乳児期の育児も別の局面を迎えようとしている。乳児の持つ性能を的確に知っておく必要性も，また高まることは言うまでもない。

　普通に見かける乳児は，小さければ小さいほど目を閉じて，たまさか不快や空腹の泣き声をあげるだけ，ひたすら眠り，呼吸し，あたかも植物のようにただ成長しているだけ，そういう印象を受けるだろう。そこに，精神生活が潜んでいるようには見えない。

　実を言うと，近年までの心理学の持つ乳児像も，これに近いものだった。例えば，アメリカ心理学の開祖，W.ジェームズは，乳児の世界はちょうど万華鏡に見る光景のようなもので，きれぎれの断片的印象が騒がしく飛び交っているだけ，と述べている。

ジェームズ説は19世紀末の話だが，その後もスイスの動物学的人間学者 A. ポルトマンは，人間の乳児は高等類猿の通則に反して，「無防備・無能力」の典型状態を示すとして，これをハトなど巣に就いたまま親鳥の手厚い保護を受けて初めて育つ鳥類になぞらえて，「2次的就巣性」と名づけている。これも20世紀前半の話だが，こうした潮流はずっと引き続いていたことがわかる。

　ところが，20世紀後半に入ると，この潮流に大きな変化が起こってきた。それは，乳児についてのさまざまな実証的研究が行われ，特に実験心理学や生物学の中で培われてきたさまざまな実験技法が適用されるようになってきたためである。さらにその背景として見逃せないのは，抗生物質の進歩と予防衛生の普及によって，乳児が感染症の危険を大幅に免れるようになったということがあるだろう。乳児を，実験室に連れ出すことが可能になったのである。

　しかし，実験室に連れ出すだけでは用は足りない。乳児は幼いほど，睡眠周期が確立されず，大人のいわゆるまどろみに似た半睡半醒の状態にある。乳児が，特定の刺激に注意を向けてくれるような覚醒水準（ある程度の目覚め状態）に導かない限り，実験は不可能である。そのために，また，いろいろな工夫がこらされた。例えば，直立姿勢でしばらく支えていると，乳児の覚醒水準は徐々に高まっていく。そのための特殊な椅子などが考案されている。最後に，具体的実験技法やその施行手続きなどの案出が重要になるが，これについては以下その時々に触れる。

2）知覚能力

　初期の乳児は目も見えず耳も聞こえないと，ひと昔前の育児書には書かれていた。それは正しいだろうか。子宮内にマイクを入

れてみると，かなりよく外部の音声が聞こえることが認められている。だから，胎児期に聞く能力が備わっているとしたら，出生時すでに聞き慣れた音に対して，特別の反応を示すはずである。

小児科医のT. B. ブラゼルトンは，あるヴァイオリニストのエピソードを紹介している。彼女は妊娠中に好んである曲の練習をしていたが，出産後はその曲の練習をしなかった。ところが，半年ほどして，再びその曲を弾いてみたら，それまでむずかっていた乳児は泣きやみ，以後もそれを聴くのを好んだという。希少例にすぎないので，胎児が複雑な楽曲まで聴き分けることができるかどうかの証明は難しいが，興味深い話である。しかし，より耳慣れた音なら，聞き分けるという証拠はいろいろある。

母親の声は，おそらく胎内で最もよく耳にする音であろう。新生児の右耳と左耳にそれぞれ別のレシーバーを当てて，一方からは母親の，他方からは別の女性の声が聞こえるようにすると，新生児も母親の声の方向に頭を向けるという。母親の声を母親のサインとして知っていると断定するのは早すぎるが，少なくとも，その特異性を識別していることは明らかである。

視覚に関しては，さらに驚くべきものがある。テレビ・映画などと同じ仕組みで，乳児に事物が接近してくる場面を演出する。例えば，眼前のスクリーンに円い影を映し徐々に大きくしていくと，円形の事物が自分の方に近づいてくるという印象（感覚）を受ける。この時，顔に当たるようまっすぐ近づいてくる映像と，同じく接近はするが逸れていく映像との2通りを見せる。すると，新生児であっても，顔を直撃する映像に対しては，手を顔の前にかざし，顔を逸らして，衝突のショックを避けようとする行動を示す。他方，同じように近づいてきても，斜めに逸れていく映像に対しては，このような防御反射は起こらない。

ここから，乳児は目が見えないどころか，新生児の時から，事

物のみならず，その運動径路まで識別していることが知られる。子どもは，生まれながらに高度の視覚能力を備えているのだ。

3) 学習能力

　学習の最も基本的な過程のひとつは，条件づけあるいは連合にあるのは言うまでもない。誤ってヤカンに触れて泣き，「アチチ」ということばを聞いた子どもは，乳児といえども，その後「アチチ」だけで警告の意味を受け取るようになる。このように，言語刺激や事物刺激が繰り返し対提示されることによって両者の関連が気づかれる過程を「連合」と呼び，また報酬や罰によって連合を方向づけ強化する過程を「条件づけ」という。同じような例は，日常誰しも経験する普遍的なものである。学習能力は，さまざまな新奇の事態に対処し適応するための基礎過程を作り出していることがわかる。

　新生児の学習能力はどんなものだろうか。生後１日目の新生児に右側にブザー，左側にベルを置き，それぞれを鳴らすと，ブザーには頭を右に，ベルには左に向けるという回転運動が起きる。この時すかさず，甘いシロップを口に注ぎ込む。この手続きは，I. P. パブロフによる有名なイヌの条件反射の実験手続きを二重に重ね合わせたものにすぎないが，新生児は，すぐにブザーで右，ベルで左の回転を学習していく。

　これは，単にベルで唾液を分泌するといった単純な条件づけよりははるかに複雑な過程をなすから，「弁別学習」と呼ばれている。弁別学習は，ネズミの類ではかなり困難な課題だが，新生児が苦もなくこれを学習できることは驚きと言ってよい。しかし，さらに驚くべきは，次の「逆転移行学習」と呼ばれる課題の習得が新生児に可能なことである。

　条件刺激と反応の組み合わせを逆にして，今度は，ブザーで

左，ベルで右回転の時シロップを与える。それまでの条件とは逆の反応が求められるので，この手続きは逆転移行と呼ばれる。逆転移行は，イヌくらいの水準の哺乳類では極めて困難であり，長い試行を重ねない限り成功しない。ところが，新生児はいとも容易に達成する。生得的学習能力の高さが，示されたといってよい。

　条件づけよりはるかに高度の学習過程のひとつに，「模倣」がある。模倣は，外的対象の持つある特徴を認知的に把握し，それを自己の動作として再構成する過程であり，能動性や意図性を含む高次の学習と見なされる。そのため，かなり後の段階でなければ現れないものと，今までは考えられてきた。これに対して，J. ピアジェは，わが子に対する詳細な観察資料に基づいて，乳児期にすでに模倣の萌芽が見られることを指摘していた。しかし，近年行われた実験的研究は，さらに驚くべきものである。

　新生児段階の乳児でも，その顔の前で大人がゆっくりと口を開け舌を出す動作を繰り返すと，乳児も同じ動作を行うことが観察される。もっとも，その動作は完全な模倣ではなく，口を開け閉めするなどの部分模倣にとどまることも多く，また，意図性や能動性を含むかどうかははっきりしない。そこで，模倣ではなく，「共鳴動作」と呼ぶ人もある。

　なぜ驚くべきことかは，言うまでもない。大人の舌を出す動作は，乳児には目で見るもの，つまり視覚的情報として伝えられる。一方，自分の舌出し動作は乳児には見ることができず，体感覚または運動感覚的情報としてのみ感受される。共鳴動作は，この異種の感覚情報の間の対応関係（同型性）がすでに出生時に備わっていることを示している。この同型性の生得的認知機構が，後のあらゆる模倣の基礎となる。

4）認知能力

　以上の知見は、今までの乳児像にそむくものではあっても、いずれも人間の基本的能力に属し、言われてみればもっともというところだろう。ところが、認知という高度の働きを問題にし始めると、今度こそ、どうして乳児に、という疑問が出てくることだろう。「認知」とは、もともとは哲学の用語である「認識」の心理学版と言ってもよい。心理学用語としては、単純に、知的な機能という程度の意味に使われることもあるが、もともとの意味に返るなら、正しい妥当な知識の獲得やその過程を意味する。何の経験も持たない乳児に、そんな能力があるのか、いぶかしむ人が多いことだろう。

　外界についての最も基本的な認識のひとつに、ピアジェによって指摘された「対象の永続性」がある。堅固な事物は、ある場所に存在すれば、勝手に動いたり消えてなくなったりすることはなく、一貫して同じ場所にあり続ける、こういう知識があって初めて我々の感じる世界の安定性が確保される。勝手に事物が入れ替わることもないから、ひいてはその事物の性質も探求され得ることになる。対象の永続性は、確かに最も基本的な認識のひとつと言ってよい。

　筆者は、ピアジェの観察に基づいて、自分の長女に次のような簡単な実験を行ってみたことがある。7か月ほどでようやくずりばいができるようになった頃、お気に入りのガラガラを少し前方の床に置いてみる。懸命にそちらに這っていき、ようやく取ろうとする寸前に、ガラガラにハンカチをかぶせてみた。すると、乳児は一瞬戸惑い、次の瞬間怒ったように泣き出した。あたかも、ガラガラが突然何者かに取り上げられたような様子だった。こういう観察からは、乳児にとって、物が「ある」とは、「見える」ことの同義語になっているという印象を受ける。

ピアジェの観察はなお続き，いったんクッションの下に隠したオモチャを乳児の目の前で取り出して，別のクッションの下に隠してみる。すると，驚いたことに幼児段階になっても，はじめに隠したクッションの下を探し，移された場所には見向きもしない時期が続く。今度は，存在とは，はじめにあった場所の同義語になってしまう。

このように，対象の永続性は，いくつかの段階を経て徐々に構成されていくものであり，一連の認識発達の過程を示す絶好の研究課題とされたのである。

しかし，近年の多くの実験研究結果は，このピアジェ説に反して，永続性は極めて早い時期から認められるとする。例えば，ミニカーを見せてからいったんそれをスクリーンで隠し，再びスクリーンを取るともうさっきのミニカーはなくなっている，このような場面を見せると3～4か月の乳児でも驚きの表情を示すという。同様に，1台のミニカーをスクリーンで隠し，もう1台がスクリーンの後ろに入っていくところを見せる。ところが，スクリーンを取ると1台しかミニカーがない。ここでも，同じような驚きが見られる。すると，乳児は，あるなしだけではなく正しい個数をも認知していることになる。

このような実験は，現在一種のブームであり，さまざまなテストが繰り返されている。例えば，ある物が動いているところをスクリーンで隠すと，乳児はその軌道を予測することができ，出てくるはずのところを注視するとか，ボールが床に落ちているのは驚かないが，宙に浮いているところを見せるとびっくりするとか，ある事物を見せてスクリーンで隠し，そのスクリーンを事物の方向に倒すと，途中で止まる時は驚かないのに，床の上に平らに倒れてしまうとびっくりするとか，いろいろな報告がなされている。これらが正しければ，乳児は，物の世界を支配する物理的

な法則性の基本はすでに心得ていることになる。

5) 乳児期の再評価

　乳児の能力については，まだ語るべきことはたくさん残っている。いかにも植物のようにしか見えない乳児も，実はかなりの体力や運動能力を潜めているようであり，新生児といえども，その把握反射を利用して片手に棒を握らせ引き上げると，宙に体を支えることができるという。飼育されているチンパンジーの母親は，赤ちゃんチンパンジーの片手を持って上下運動をさせる乳児体操のような練習を行うことが観察されている。それには及ばないとしても，類同の体力はやはり持っているようだ。

　また，新生児を立たせて膝に乗せると，足で膝を蹴るいわゆる歩行反射を示す。これは放置しておくと生後半年くらいで消えてしまうので，無用の行動（蒼古反射）と考えられてきた。しかし，毎日歩行反射の練習を行うと歩行を促進できるという結果も見られる（日本の幼児開発協会の行ったボランティアの母親による実験では，平均して１か月半ほど歩行の始期が早まるという）。潜在している運動能力の一例と言える。

　およそ1970年代に始まる新生児・乳児研究の潮流は，こうして古い乳児像を一変させた。無能・無防備という植物的乳児観に代わる有能乳児観が，現代は花盛りと言えよう。

　しかし，よく考えると，乳児の新しい性能の発見には，当然とも言える側面があるのに気づく。例えば，新生児も衝突の危険を避けるための防御反射を示すことを，知覚能力の項（p. 39）に記述した。従来の目の見えない乳児像に対しては，驚異とも言える能力の発見だった。しかし，乳児がその意味ではまったくの無能力であって，衝突の危険をその機会があるたびに条件づけによって学習し，やがて回避できるようになると仮定したら，それこ

そ生命がいくつあっても足りないことになろう。とすれば，基本的な防御機能がはじめから備わっている方が，当然と言えば言える。学習能力その他についても，同様であろう。

むしろ，筆者が最も感銘を受けたのは，すでに触れた逆転移行学習に関しての資料である。新生児の学習は正解に達すると，徐々に反応が鈍くなり，ついにはいくらシロップを注ぎ込んでも頭の回転は見られなくなる。この時再び逆転移行を行うと，反応は再び活発になり，やがて新しい正解を見つけると再び反応は弱くなっていく。つまり，正解を導く要因は，必ずしもシロップという物質的報酬ではなく，むしろ何が正しい答えなのかを求める探索欲求とその充足だと言える。人間は弱い葦だが，生まれながらに「考える葦」なのだ。ここには，人間的な特性の萌芽が見られると言ってよい。

乳児の認知能力については，多くの実験結果の洪水に足を取られていて，それらが方法の妥当性をも含めてどこまで信頼できるか，また，ピアジェの追求した対象の永続性の観察資料と現在の実験的資料のくい違いはなぜかなども含めて，まだまだ今後の検討が必要だろう。言えることは，乳児もこれから生きていく世界についての基本的認識はかなり早くから持っているらしいというあたりであろうか。

筆者としては，しかし，乳児がその持っている基礎的認知能力を駆使して，やがて人見知りの段階に到達していくことに注目したい。早ければ4か月，遅くも7か月までに，乳児の多くは，母親以外の成人を拒否し，抱かれても泣くという，それまでとは異なる反応を示し始めるのはよく知られている。

人見知りは，あまりにもありふれた現象なので誰も驚こうとはしないが，よく考えると，かなり高い認知能力を要することがうなずかれよう。人見知りのためには，母親（養育者）の顔とそれ

以外の顔との弁別が最小限必要条件となる。しかし、母親の顔も、その日その日の髪型や化粧のしかた、さらには衣装の違いなどにより印象は変わるはずである。そうした一過性の変動を超えての不変な特徴群——パターンの認知が要求される。生後半年ほどで、幼児がこの複雑な課題を達成していることに、改めて畏敬の気持を持つのは筆者だけだろうか。

乳児は、なお、微笑と怒りなど表情の持つ正負の感情の対比は、すでに生後3か月くらいで認知できるようである。人間にとって、最大の環境条件をなすものはやはり人間だから、こうした早い対人認知の達成は、長い進化の過程の結実として極めて自然なことと思われてくる。反対に、有能な乳児像を強調するあまり、乳児も誕生時の記憶を持つなどと根拠のない思い込みに陥るのは、マイナスの波紋にすぎない。

最新の乳児研究の成果を概観しての結論は、乳児はただ愛すべき存在というにとどまらず、生まれながらに一人の人格としての基礎を備えているということではなかろうか。子育てに当たって、このことは忘れてならない原則であろう。

II 認知発達

1）認識の獲得過程

乳児期の認知発達について見てきたが、それに続く時期にはどのような変化が起こるのだろうか。この過程を研究して、記念碑的業績をあげたのは、先に引用したスイスの発達心理学者ピアジェである。

ピアジェの著書のひとつに『知能の誕生』というのがある。ことばの上だけでは、知能の研究者と誤解されそうだが、ここに言

われている知能は、アメリカ・イギリスの研究者が使う知能という用語とは——むろん、共通性はあるのだが——、かなりニュアンスが異なっている。普通に使われる知能は、知能検査で測定されるものとか、言語性知能など具体的内容を指すことが多いが(Q&A 1、4参照)、ピアジェのそれはもっと幅が広い。彼の体系は、「発生的認識論」という名前で知られている。ここから推察されるように、ピアジェの基本的関心は認識の研究にあり、知能とは、この場合、認識を獲得（構成）する能力やその過程を意味している。

　認識とは、先に触れたように正しい知識をどのように作り上げていくかということを指す。例えば、走っている電車から飛び下りるのが危ないことは誰でも知っている。では、猛スピードで走るオープンカーに乗って、頭の真上高く重いハンマーを投げ上げたとしたら、どうだろうか。猛スピードで走っているから、たとえわずかな時間であっても投げた場所からは遠ざかるから安全のはず、そう考える人も少なくないだろう。正しければよいが、そうでなければ生命にかかわる。クイズめいているが、大きな鳥かごを、中の木に止まっているオウムごと秤に乗せた。その時、オウムがたまたま枝を離れて飛び上がったとすると、秤の目盛りは軽い方に動くのだろうか。あるいはまた、いつかは体毛を持つ恐竜が発見されるだろうと、友人と賭けをしてみたが？……。このような状況に直面したと仮定しよう。認識とは、この世界のさまざまな側面にうまく対処して生きていくための知恵と言ってもよいことが知られる。

　先の乳児の例で、ごくごく基本的な認識は、極めて早期から——もしかすると生まれつき——獲得されている可能性のあることを示した。生きるための知恵と見れば、それほど怪しむには当たらないことも再びうなずかれよう。さらに、それ以上の高度の

認識は，独力では容易に解くことはできないので，学校や書物について学ぶ必要のあることも，うなずかれることだろう。

　幼児は，目に立つ特徴，追い越すといったことで速さを判断する。円形の外回りの走路を走るミニカーの方が本当は速いのに，内回りのずっと短い走路を遅く走るミニカーがこれを追い越す。すると，内側の方が速いと言う。それどころではない。高い台の上に乗っている低い人形が，低い台に乗っている高い人形より，頭が上に出ているとする。どちらの人形が背が高いかと問うと，幼児は頭の出ている方だと言うだろう。これらはいずれもピアジェの有名な実験の結果なのだが，高さや速さなどという基本的な概念についても，幼児期には，さまざまな偏りや誤りが，自然に作り上げられることを示している。小学校以降にそれを補正し，正しい概念を学び直す必要性を大人の側も改めて認識しなければならない。

　ピアジェ説のもうひとつの特色は，発達における素質と環境との相互作用を強調するところにある。第1章で，すでに遺伝と環境との相互作用について，統合失調症などの例を挙げた（p. 15参照）。ピアジェの場合，これを一般的に拡張して，すべての子どもは，持って生まれた生得的装備を活用して，環境適応を図り（同化），逆に環境条件に適合するように装備を変容し発達させる（調節）。この2つの働きの調和がとれた時（均衡化），望ましい認知発達が起こる。こうして，子どもの知識は，少しずつ形を変えながら，段階を追ってより高次なものへと構成されていくとする。

2）感覚運動期

　乳児の持って生まれた装備の代表は，反射である。先に見た把握反射や歩行反射は学習の成果として獲得されたのではなく，は

じめから備わっている。

　反射という機械的動作が，どのようにして，認識の手段に変わっていくのだろうか，ガラガラに例を取ろう。

　出生直後から，ガラガラを新生児に握らせるとギュッと握りしめる。これが把握反射である。また，3〜4か月にもなると，早い子は，目の前のガラガラに手を伸ばし，おぼつかないながらつかもうとする（これを「リーチング」という）。

　ガラガラは乳児の把握反射にとって，適当な大きさと重さを持っている。だから，ガラガラ把握は容易になされるのだが，仮にもっと大きい物，重い物だったらどうだろうか。つかみかけても，手を離してしまうだろう。逆に，あまりにも軽い物や小さい物でも，抵抗を感じないのでつかもうとせず，または離してしまう。つまり，生得的な把握反射にとって適切な対象であるからこそ，ガラガラつかみが行われるのがわかる。これが，同化の働きである。一方，重すぎても軽すぎても，生得的把握反射に向かないので離してしまう。こちらは，調節の働きと言えるだろう。2つの働きの釣り合いが取れていれば，均衡化の状態となり，自然にガラガラを握り，手首を動かすので揺れて音が出ることになる。

　こうして，はじめは反射として機械的に触発されたガラガラつかみが，音が出るという別の興味につながるようになる。すると，面白いのでガラガラをつかみ，音が出るのを再発見し，興味が増し，またつかむ。こうして，振るから面白い，面白いからまた振るという繰り返しが始まる。これは，自己目的的な循環だから，「循環反応」と呼ばれる。

　細かく言うと，循環反応は「指しゃぶり」のように1つの感覚領域だけを使って，自分の身体へ働きかけるというもっと単純な形で生後1か月過ぎに始まっている。これを「第1次循環反応」

という。乳児が自分の手をかざし、しげしげと見ている行為（「ハンドリガード」）はよく見られるものだが、このような行為は、手の動きという運動感覚とそれを目で見るという視覚との2つの感覚領域の間の協応関係を確認しているものと考えられよう。口あけと舌出しの共鳴動作のところで、視覚と運動感覚間には原初的対応関係が認められることを述べたが、このような対応関係も、新しい経験領域に適用するための応用や再確認が必要とされるためなのだろう。ガラガラ振りは、視覚と運動感覚間の新しい協応関係といった準備があって初めて成り立ち、ここに聴覚も加わる。このような異種感覚間の協応によって、外的対象に循環的に働きかける行為を「第2次循環反応」という。

　第2次循環反応は、一見したところは原始的な遊びにすぎないように見えるが、しかし、この中には、興味（探索欲求）の充足、結果の予見、関心を持続させる手段の開発など、知的活動を構成する要素をいろいろ見出すことができるだろう。だから、循環反応は、自然にまた次の段階に発達していく。

　ガラガラ遊びは、例えば、両手に2つ持って振る、ガラガラ同士を打ち合わせるなどの形に変わる。こうすると、別の音が出る。あるいは、ポンと投げてみる。ガラガラが跳ね上がったり、父親が受け止めてくれたりする。こうすると、物の新しい性質がわかり、また家族との仲間遊びの第一歩が体験できる。このような能動的探索と新しい手段の発見によって特徴づけられる「第3次循環反応」が、1歳〜1歳半くらいの時期に出現してくる。乳児期の知的関心の拡大は、ここでひとつの頂点に達する。

　ここまで、およそ出生から2歳頃までを「感覚運動期」と呼ぶ。循環反応を例にとって説明したように、この時期の乳幼児は感覚的刺激に対して運動的反応で対処することによって、さまざまな知的機能や知識を獲得していくからである。感覚運動的知能

とは、まさしく、身体を動かす知恵であり、それによって獲得される能力や知識のことだと言ってよい。乳幼児の毎日の生活こそ、認識発達への第一歩を形作る場なのである。

　循環反応については、もうひとつ大切なことがある。それは、養育者が循環反応の輪の中に入ることによって、その内容は格段に豊かになっていくことだ。イナイイナイバーやカイグリカイグリなどの例を考えてみれば、すぐに理解できよう。物を操作することによって得られる状況変化はそれほど多様とは言えないが、人の作り出す状況ははるかに豊富多彩であり、かつまた養育者はそれを子どもに適した——同化しやすい形で提示するであろう。これが模倣その他、独力では獲得しにくいさまざまな技能と知識を作ることは、言うまでもない。感覚運動的知能を作る中核は、養育者-子ども関係にあると言っても言いすぎではない。養育放棄による精神的発達遅滞は、必然の産物であることもうなずかれよう。

3) 前操作期

　成人は、未知の机を見る時でも、ひと目見ただけで、材質はスティール、表面は少しザラザラ、金属のわりには軽そうといった複雑な判断を下すことができる。これは、長い生活経験を通じて、さまざまな感覚領域を同時に活用する「協応活動」を行い、相互に同化と調節を繰り返すという発達過程からもたらされた産物である。ことばを変えれば、感覚運動的知能の結晶であると言ってもよい。成人の場合は、このほかに、例えば金属について学校や書物で学んだ知識なども付け加わってさらに複雑な構成になっているからそれほど単純ではないが、高度の認知能力についても感覚運動期の意義を再認識しなければならない。

　しかし、感覚運動的知能は、基本的にはあらゆる動物種に共通

のものとも言え，あるいは，「今，ここの世界」に限られているところに限界がある。人間らしい知性とは，その次の段階に至って初めて現れてくる。ことばをはじめとするさまざまなシンボル（表象，記号）体系の出現である。

ピアジェは，わが子の観察資料から，箱が開けられずに中の物を取りあぐねている乳児が，自分の口を開け閉めして箱を開けたいという行為を表現したと述べている。このような見事な観察例は希少なものであろうが，誰でも知っているのは発語期の乳幼児の示す指差し，手差しであろう。養育者の顔と対象物を交互に見ながら，あるいはその視線の方向をわきまえての指差しは，ある時は「ワンワン」であり，別の時は「アレ，ミテ」である。ともに，口の開け閉めの原型としての外的対象の表示にほかならない（自閉症児には，この指差しが見られないというのは注目すべき事柄であろう）。

身振りは，最も原初的な表示手段であり，注視方向の合致などまで含めれば多くの動物種に共通して見られる。ここから発展すれば，模倣，ごっこ遊び，表情や声帯模写に至る擬声などの変種が作られる。また，イメージも一種の表示であり，ここからは画像の解読やその作製といった技能が導かれる。しかし，何と言っても，最も一般的でまた人間的な表示手段は言語であろう。これらの表示手段は総括して，表象，シンボル（象徴），記号体系などさまざまな名で呼ばれるが，言語こそは，シンボル体系やシンボル機能の典型をなすと言えよう。この言語を中核とするシンボル機能の発達が2歳から7歳までの次の発達段階を特徴づける。

半世紀以上も前に，アメリカの心理学者 W. N. ケロッグ夫妻は，グアと名づけたチンパンジーを自宅に引き取り，息子のロナルドと同じように育てた。はじめグアの発達は速く，すべての点でロナルドを上回っていたが，やがて発語が始まり，言語機能が

安定する2歳過ぎになると、ロナルドの発達が加速され、両者の優位関係は逆転したという。ここから見ると、言語を中心とする象徴機能の出現こそ、人間の認知発達を特徴づける一段階と言えるかも知れない。

しかし、ピアジェはそう考えない。およそ2〜7歳の第2の発達期は、「前操作期」または「前論理期」と名づけられている（操作とは、わかりにくいことばだが、ほぼ論理的操作に同義と考えてよい）。この名称から知られるように、ピアジェは、真の知性、認識の用具は論理性であり、それは次の6〜7歳以降の「具体的操作期」に現れると考えるからである。

なぜ、そう考えるか。それは、この時期の幼児には、知覚的刺激の与える影響があまりにも強く、それが秩序正しい思考を妨げるからだと、ピアジェは言う。例えば、幼児は、夢を見るような体験を主観的なものとは考えず、瞼の裏にスクリーンのように貼りついていると言う（実在論）。テレビ時代の現代っ子が、ピアジェの研究した半世紀以上も前のスイスの子どもと同じように答えるかどうかには多分の疑問があるが、幼児期もなお、乳児期の引き続きで、現前の「今、ここ」の世界に縛られる傾向が根強いことは事実であろう。（もっとも、この発達段階の前半は特にその傾向が強く、個人的な経験によって思考方式が左右されやすい。それで前半を「前概念期」、後半になって思考様式がかなり安定してくる段階を「直感的思考期」として区別する。2〜7歳をひと括りは大まかすぎるから、この2つを区別する方が納得しやすい。）

4）具体的操作期

数は、ことばと並んで幼児教育のメインテーマになっている。この数概念の獲得に、知覚的影響が阻害要因になることを示した

■図 2-1 数の保存の実験

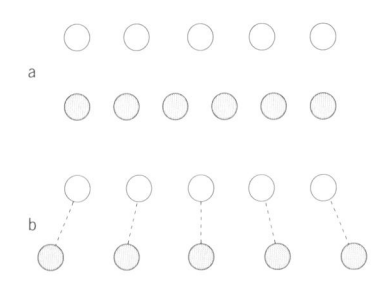

のが，ピアジェの有名な「数の保存」実験である。

　最近の幼児は，3〜4歳ともなると，もう100まで数えられるとか，兆や京まで知っているという子が珍しくない。それなら，こうした子どもは，本当に数を理解していると言えるだろうか。

　青のビーズ5〜6個を取り，図2-1aの上段のように並べ「これと同じ数だけ赤いビーズを取って」と教示してみよう。3歳児なら，ただいいかげんにビーズを取り，aの下段のように青の列と同じ長さに並べ，これで同じになったと言うだろう。数と長さとが区別されていないのだ。

　しかし，4〜5歳になると，今度は赤のビーズを青の下にくっつくように並べて，同じになったという。この年齢になると，同数とは，集合の要素同士が1対1に対応していることであるという原理を獲得しているように見える。

　ところが，赤のビーズの列をbのように広げて，どうなったかを聞くと，赤の方が長くなったからたくさんになったと言う。もとの長さに戻すと，同じと答えるが，赤の列を縮めて短くすると，今度は青がたくさんになったと言う。

　4〜5歳児も，3歳児同様長さを数と混同しているのではないか

と考えられるだろう。しかし、少数ではあるが、短い方がたくさん、間が詰まっているからと答える子どももいる。つまり、密度と数とを混同しているケースも見られる。

ピアジェは、この年代では、長さまたは密度というどれか一方の知覚的様相の与える印象があまりにも強いために（中心化）、4〜5歳児はそれに引きずられて正しい判断ができなくなり、多く（少なく）なったと答えるのだという（この論法では、しかし、なぜ「長くなったからたくさん」と答える子どもが圧倒的に多いのかを説明できないことに注意してほしい。なぜかを考えるのは、ひとつの演習問題となろう）。

やがて、子どもの認知はもう少し発展し、今度は長さと密度との相補関係を理解するようになる。列を伸ばしても、長くなった代わりにまばらになったから同じという「相補性」の操作が現れるようになる（この論理は不完全だが、その理由は各自考えてほしい。したがって、この段階では、列をもっと引き伸ばすと子どもは迷い始める）。

しかし、6歳過ぎになると、子どもはこうした知覚的外見の変化には迷わされなくなる。どんなに列を伸ばしても縮めても、「取りも増やしもしないから」（同一性）、「縮めれば元通りになるから」（可逆性）などの正しい論理操作により、2つの列の同数を確信するようになる。

外見のような表面上の一過性の変化を捨象して、本質的な特性は不変のまま維持されていることを「保存」という（例えば、エネルギーの保存）。ピアジェのこのような研究は、集合数（個数）の不変性＝1対1対応の原理が維持されているか否かを見るものだから、「数の保存」実験と呼ばれている。数の保存が獲得されるとは、論理性の現れであるとともに、知覚の制約の克服でもあることがわかるだろう。

知覚の制約とは，何だろうか。知覚世界は，基本的に「今，ここ」の世界を超えることができないのは，すでに繰り返し述べた。もうひとつ大切なことを付け加えると，この現実の世界は決して後戻りすることはなく，時間の流れに従って一方向的に進行する。これに対し，「縮めれば元通りになる」というのは，実際に起こったことではなく，頭の中で行為の跡をたどり直してみることで初めて得られるものだ。ピアジェは，このように現実の行為を心のうちで再現し，その過程を分析し，結果を予測することを「操作」と呼んだ。操作は，だから，条件と結果＝因果関係などを解明するための用具であり，論理性の基礎を提供するものとなる。ピアジェは，操作の中でも現実には決して起こり得ない元に戻す「可逆性」を重視した。可逆性の出現は，子どもが知覚の制約を乗り越えたしるしだからである。

こうして，数の保存の達成される7歳過ぎの段階は，「具体的操作期」として特徴づけられることになる。以後，子どもは同じ操作を適用して，量，質量などの基本的物理量の保存を次々に達成していく。（具体的操作とは，後の前青年期に現れる，より抽象度と体系性の高い「形式的操作」と区別するための名称であり，具体的行為の心的表現であることを意味する。）

数の発達についてのピアジェの研究にコメントを加えて，結びとしたい。

第1は，ここまでに触れたように，ピアジェの対象とした子どもと，身近に見ている日本の子どもとは，時代も文化環境も大きく隔たっているので，これまで言われてきた発達期の年齢区分は必ずしも実情に合っているとは言えないであろう。具体的操作は7歳以降初めて現れるというのは，筆者らが行った研究結果から見て肯定し難い。個人差や時代差を考慮に入れれば，発達期の年齢区分は大まかな目安にすぎないと考えておく方がよい。今の日

本の子どもの場合には、ピアジェの言う年齢よりは少なくとも1年程度早まっていると想定しておいて、大過はないだろう。

第2に、ここからも示唆されるように、数能力や具体的操作の獲得に対して、ピアジェが信じているほど成熟（年齢）の効果が大きいとは思われない。筆者らの研究結果では、幼稚園段階での数の教授=学習は、何もしない場合に比べれば確実に数能力を向上させる。数の習得に限って学習も学習環境も効果が薄い、と想定する理由はない。

第3に、しかし、どのような教授=学習も、等しく数の発達を促進できるわけではない。そこには、方式による効果の差が認められる。筆者らの結果では、機械的学習よりも、幼児なりの原理と体系性を備えた学習方式の方が効果が高かった。数のような高度の論理的体系性を持つ対象に対しては、できるだけ長い見通しに立った一貫性のある学習方式が望ましいと考えられる。卑近な例だが、指を折る計算に慣れすぎると、もっと大きな数の計算に移る時にむしろ障害になりやすい。こうした事情と考えあわせると、数と論理性の密接な関連を説くピアジェ理論は、数の教授=学習方式のプラン作りに大きな示唆を与えていると言えよう。

III 言語発達

1) 言語発達の条件

近年、わが子のことばの遅れを訴える母親が、各種の健診で目立つようになったと言われる。厳密な統計資料がないので結論するのは難しいが、筆者の実感としてもうなずける。

ところが、言語遅滞に対して、これならという有効な対策があるだろうか。この問題に対して、胸を張ってイエスと言える児童

臨床家は少ないのではないだろうか。筆者も，自分の乏しい体験からは最も難しい問題のひとつだとしか言いようがない。

これには，むろん，さまざまな理由がある。ひと口に言語遅滞と言っても，多種多様な症状や条件があり，ひとまとめにするのは難しいということもあるだろう。確定診断の方法や時期，とりわけ信頼のおけるテストに乏しいことを指摘する人もあろう。しかし，もっと大きな理由は，近年の言語発達研究がひとつの曲がり角に差しかかったために，この分野では，他の発達研究の諸分野に比べて学説，研究目標，ひいては研究方法などの間に合意が見られず，言語遅滞についても，探求方向が混迷しているためではなかろうか。しかし，もちろん，これはマイナスのみを強調するつもりではない。この壁を乗り越えることによって，言語発達，ひいては遅滞の問題も新しい解決が得られることを期待するからである。

伝統的な言語発達の研究は，発達過程の記述にあった。具体的に言えば，社会的発語——一般的に意味の通ることばが，いつ頃どの程度現れてくるかの記述とその統計が主力をなしていた。

この研究からは，いろいろな成果があがった。例えば，標準的発達は，1歳過ぎに最初の発語が始まり，2歳頃には50語程度に広がり，2語文使用が始まる。発語語彙は2歳代に爆発的に増え，3歳ともなると一応日常会話にこと欠かなくなる。そのような経過が描かれる。副産物としては，女の子の方が口達者だといった印象が，データの上でも裏づけられた——ただし，小学校入学頃には，言語発達上の性差はほぼなくなる——とか，過保護の母親や一卵性双生児では発語は遅れがちであるなど，いろいろなこともわかってきた。何より大きいのは，この過程を標準化すれば，言語発達テストが完成し，ひいては言語遅滞の診断も可能と期待されたことであろう。

しかし、研究が進むにつれ、この期待を裏切るような事柄もいろいろわかってきた。初期の言語発達は、比較的一様と信じられていたのだが、3～4歳までに大まかに1年くらいの発達差が生じるようである。比較的一様であるなら、言語遅滞の判定も容易だが、個人差が大きいとなると、遅滞は言わば正常と連続的なものとなり、その境界を決めるのは簡単ではなくなる。個人差の存在は、他の発達分野では半ば自明のことだったから、これは格別不思議なことではない。しかし、どの子もある年齢になれば話し始めるから、発語は歩行と同様に自然で一様な進行過程を示すはずという伝統的信念は、素朴にすぎた。すると、言語遅滞診断も、ちょうど知能テストを作ると同じ長い労苦が必要とされる（もちろん、現在いろいろな試みは行われている。それらが完成した暁には、現行の病理的な精神遅滞と生理的な精神遅滞の区別と同じような区別が必要とされるようになるのかも知れない）。

　もっと重要なことは、言語発達とは何かが、改めて問われているということであろう。発語は、確かにわかりやすい現象である。しかし、後に触れるように、発語のためには発声器官の成熟が必要であり、それは他の身体諸器官の場合と同様、自然な個人差がある。すると、発語の遅速や獲得量の差は、単に生理的成熟の速さを反映しているのみという可能性がある。少なくとも、これだけが言語発達の指標だと決める根拠は乏しいと言わねばならない。

　実際、20世紀初め頃から、言語発達過程の記録が主要テーマのひとつになったのだが、あるドイツの言語学者は、その長男が4歳半までほとんど発語がなかったのに、言語理解は正常だったという事例を報告している。その後、この子の発語はようやく始まったのだが、またたくうちに正常の水準に追いついたという。このような事例から、発語が遅れていても言語理解が正常なら、

遅滞とするいわれは薄いと考えられている。

　すると，理解は発語よりも，言語発達にとってより本質的な現象と見えてくるのだが，残念ながら，言語理解について，特に初期の言語理解については，それほど目ざましい研究は行われていない。

　理由は，言うまでもないことだが，言語理解とは，発語ほど明確な事柄ではないからだ（試みに，乳児がことばをわかったとされるのはどんな事態なのかを，各自考えてみてほしい）。

　以上のように，発語過程の研究だけでは，深い成果は期待できない。言い換えると，言語発達の本質に迫るためには，表面的な言語現象を追うだけでは不十分なので，言語発達の本質とは何か，その機制（メカニズム）や条件を問題にしなければならないことが知られよう。

2）言語能力の生得説

　言語発達研究が曲がり角を迎えた最大の理由は，アメリカの優れた言語学者 N. チョムスキーが唱えた言語能力の生得説にある。その説は，「生成言語学（生成文法）」という名で広く知られている。

　チョムスキーは，言語能力の中心を文法性（統辞法）に置いている。ただし，この場合の文法性とは，学校で教えられる文法や文法能力よりははるかに意味合いが広く，言わば，意味の通る正しい文を組み立てる言語的ルールを指す。

　例えば，幼児の使う2語文「ママ，アッチ」は，学校文法ではむろん文の範囲に入れるどころの話ではない。しかし，この発語を聞けば，すぐに「ママ，ネンネ」「ママ，カイシャ」など，その他さまざまな言い方が連想される。これらを眺めると，そこにある共通構造が認められる。つまり，「ママ」（軸語）という一定

の要素を中心に、その状態を示す「アッチ」「ネンネ」など（開放語）が連結しているのが見られる。こうして、ママについて、その時々の状態を記述していると見ることができる（「ママ、アッチ」と言う子どもは、普通「アッチ、ママ」とは言わないことに注意）。

この構造は「軸文法」と名づけられ、一時は諸国語に共通して見られる最初期の文法（統辞法）と見なされていた（例えば、英語圏の子どもでは、"Mummy sock"「ママ、クツシタ」と言うなど）。ここから、より複雑な文が生成されていくと期待されたのである。

残念ながら、その後軸文法理論にはさまざまな問題点が指摘され、現在は、この説は広く支持されているとは言えない。例えば、「ママ、アッチ」は、ママは「ここにはいない」とも、「痛いと言った」とも、また「それは危ないと警告した」とも解釈される。言わば、状況的文脈によって初めて意味が定まることになる。このように不安定なものであれば、基本的構造とは言いにくくなる。

しかし、ここから、大切なことがわかる。ひとつは、すでに述べたように、チョムスキー理論でいう文法とは、こうした初歩的ルールまで視野に入れたものを指していること、もうひとつは、1歳代の幼児も、言語的ルールには極めて敏感だということである。

英語圏の幼児でよく指摘される現象は、はじめ"went"というような不規則動詞過去形を使っていた子どもが、"goed"というような変則な言い方をし始めることである。"foot"の複数に"foots"が使われたりもする。やがてこの変則な用法は正解に戻っていくのだが、この時期の幼児の用法はよく「過剰一般化」という名前で呼ばれる。動詞過去形には-edを、名詞複数形

には-s または-es を付けるという規則を例外的なものにまで拡張しているからである。

　筆者の長男も，1歳半過ぎの頃，熱いスープに怒って「さめられない，さめられない」と泣いた。"goed"も「さめられない」も，ともに大人が使うはずはないから，これは経験や学習によって聞き覚えたものではなく，幼児が"walked"や「たべられない」などの一般的な用例から，独力でルールを抽出し，過剰適用したものと見ることができよう。言語的ルールへの敏感性とともに，それらは学習によるものではなく，純粋に自発的なもの，自己生成的なものと考えねばならないことも明らかになる。

　このような自己生成的な言語（統辞法）を生み出す仕組みは，生まれつき心の中に仕掛けられていると，チョムスキーは考える。この仕組みは，「言語獲得装置（LAD）」と名づけられた。

　チョムスキー派の生得説の論拠は，なおいろいろあるが，ほとんどすべてが上に一端を示したように，複雑精妙な言語（文や文章）を作るルールを，一つひとつ経験によって習得していくことは不可能であり，だから生まれつきの性能と考えるのが適切という論旨につきる。その限り，この主張には一理がある。

　言語能力の生得性についてもうひとつ付け加えておきたいのは，いわゆる動物の言語という問題である。賢王ソロモンは，指輪を回して鳥や獣の「ことば」を聞いたと言われているが，これは誤解の多い表現である。動物の発声や身振りも，何かを伝えるコミュニケーションの役割を果たしていることは昔から知られているし，近年の比較行動学の研究も，それを裏づけた。例えば，タイワンリスは，イヌのように地上で襲ってくる外敵と，ワシのように空から襲う外敵とを区別する2種類の警戒音を発する。サルの仲間では，特定の相手に対してコミュニケーションを行う特定の音声標示すら持っているらしい。カラスの類は，外敵の特徴

を識別し，それを指示するほどのコミュニケーション能力を持っている。

　これらは，一見驚異的であり，動物の言語と称しても不思議ではないように見えるだろう。しかし，よく考えれば，集団生活を営む動物種では，何らかのコミュニケーション手段が不可欠なことも自明である。それらは，長い種の進化の歴史の中で発展してきた貴重な産物である。

　しかし，人間の言語と比較した時，そこに決定的な違いのあることは，すぐに気がつくはずだ。それは，こうした動物のコミュニケーションは，身振りであろうと発声であろうと，本能行動の一変種であり，その意味では定型的なパターン以外とることができない点である。ネコのじゃれる行動パターンが一定であるのは，小動物の捕食行動型として生得的に仕組まれているものだからだ。タイワンリスは高度のコミュニケーション技能を持つように見えても，たかだか2種類にとどまり，それ以上の精密さは持っていない。それ以外の発声信号もあるのだろうが，もし，タイワンリス語の辞書を作るとしても，そこにはせいぜい10語程度の項目しか載せることはできないだろう。ヒトと最も縁の近い種とされるチンパンジーですら，発声信号としては30語くらいで，その辞書は埋まってしまうという。

　ここに，ヒトの持つ言語の大きな特色が再発見できる。先の幼児の2語文の例に見た通り，幼児の語彙が仮に，パパ，ママ，アッチ，ネンネの4語にすぎなかったとしても，それらはさまざまな組み合わせを作ることができるので，表現の範囲は飛躍的に拡大する。単語は文を作る単位あるいは要素であり，その組み合わせにこそ，他の動物のコミュニケーション能力には決して見られない特色がある。これらを組み合わせるルールが，いわゆる統辞法である。すると，統辞法こそ人間の言語能力の中核だとするチ

■図 2-2 ヒトの成人，乳児，チンパンジーの喉の形態比較（正高，1993 を一部修正）

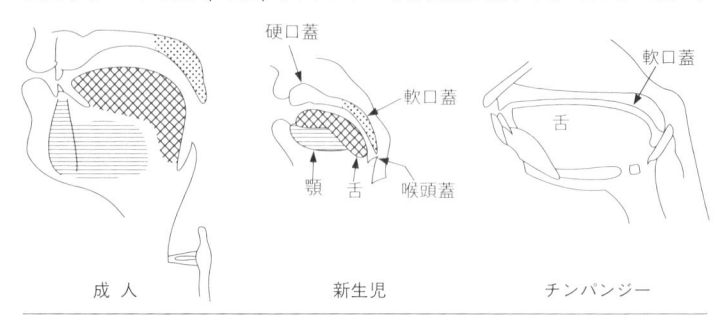

成　人　　　　　　　　新生児　　　　　　　チンパンジー

ョムスキーの主張にも，また改めてうなずかせるものがある。

　チンパンジーに人間の言語を教えようとする試みは，何度か行われてきた。最も有名なのは，アメリカの K. J. & C. ヘイズ夫妻が，ヴィキィと名づけるチンパンジーの乳呑児を養子として引き取り，4 年以上にわたって言語教育実験を行ったものである。大きな労苦を払ったにもかかわらず，パパ，ママ，アッチ，カップの 4 語を教える程度で終わってしまった。

　その後の研究は，しかし，意外な事実を明らかにした。図 2-2 に，ヒトの成人，乳児，チンパンジーの喉の部分の比較を示す。これを見ると，成人では，喉頭部に大きなふくらみがあり，これが共鳴腔の役割を果たして，自在にさまざまな音声を発することができるのがわかる。乳児とチンパンジーは，これに比べてふくらみがなく，多様な音声を生み出す力を持っていない。

　ここから，少なくとも 2 つ大切なことが導かれる。ひとつは，すでに述べたことだが，発語の遅い早いはこのような発声器官の成熟に依存しているから，必ずしも言語能力の発達水準を十全に示すとは言えないことだ。真の言語発達は，先述したように，言語理解を主眼とすべきである。

第2は，チンパンジーに発声言語を教えるのは不適切ということである。したがって，最近は，チンパンジーの言語習得実験は，手話や記号言語など，音声に依存しないコミュニケーション手段の習得が主眼となっている。例えば，チンパンジーその他類人猿にアメリカ手話（ASL）を教える試みがいろいろ行われた。その結果，チンパンジーらは，手話をかなりスムーズに習得し，人間また仲間に対して使うことが示された。その能力もかなりのもので，3歳の幼児に匹敵する程度の習得水準に到達できるようである。ついでながら，人間に最も近い話しことばは，オウムと意外なことにアザラシなどの海獣類が持っている。オウムは，発声がたくみなだけではなく，名称の習得，人間言語の習得とそれによる意思伝達，また，言語の概念としての理解など3歳児なみの能力に達する場合があるのは，驚きと言ってよい。

　チンパンジーやオウムなどの言語使用でことさら注目を引くのは，彼らもまた習得した単語を自発的に組み合わせて使うことである。例えば，チンパンジーは，別々に覚えた単語を，「きて，早く，遊ぼう」などとする，より高次の用法――人間で言えば，2～3語文の産出が可能である。これは，統辞法の萌芽と言ってもよいだろう。

　しかし，残念ながら，チンパンジーの統辞法には，幼児程度のルールすら認められない。例えば，順序はまったく考慮されない。上のような3語文なら，状況の文脈に助けられて理解は一応可能になる。だが，「太郎，たたいた，花子」では，どちらが主語であるかによって意味は一変する。悲しいことに，チンパンジーの単語の組み合わせには，そうしたルールがまったくない。彼らは，真の統辞法は持っていない。オウムも同様である。

　その意味では，統辞法こそ言語の本質であり，人間理性の中核をなすというチョムスキーの主張はもっともと言わねばならな

い。それは，ヒトという種の持つ生得的特性に根ざしているのだ。

3) 言語習得

　正しい統辞法の獲得が言語能力の中核であり，しかもそれが生得的なら，その欠陥に対しては対応策がないということになるのだろうか。これについては多くの論議が必要だが，第1章に取り上げた養育放棄のような事例はどう考えるべきだろうか。生得的欠損はないのに，環境的貧困はやはり言語発達を妨げる。すると，環境・学習・教育などの影響も否定できないのではないか，こういう疑問が起こってくるだろう。

　これについては，チョムスキー理論の枠内でも，当然ながら環境要因の寄与を認める側面がある。言語獲得装置（LAD）が働き始める（活性化）ためには，言語環境からの刺激入力が必要だという原理である。言語環境が欠落，または不十分であれば，言語遅滞が生じるのは，この原理によって説明される。

　問題は，その言語環境とは，人間言語が使われていさえすれば，どんなものでもかまわないのか，ということにある。オランダの子どもは，ドイツのテレビ番組を見ることが多く，しかも，ドイツ語はオランダ語と近縁の言語である。にもかかわらず，テレビ番組を見聞きするだけでは，ドイツ語を覚えることがなかったという。言語習得には，やはり特別な言語環境が必要とされるようである。

　この点でしばしば指摘されるのは，「母親語」の存在である。大人，特に母親が乳幼児に語りかける時は，誰しも覚えがあるように，大人に話す場合よりも高い声，ゆっくりしたテンポで話しかける。歌うようなテンポやリズムを持つ。感嘆調，呼びかけ，繰り返しを多用する。何より目立つのは，当然ながら，「今，こ

こ」の世界にのみ話題を限定することである。

　このような特質を持つ母親語が，LADを初めて活性化できるのだとすれば，LADの生得性は言語発達のための必要条件ではあっても，必ずしも十分条件とは言えないことになるだろう。第1章に見たように，愛着とは心の通い合いだとすれば，母親語は，その通い合いを具体的に表現するものだと言えよう。こう見てくると，心の通い合いという原初的なコミュニケーションが，ことばを育てるひとつの土台であることが，さらに明確となる。

　養育放棄の有名な事例のひとつに，イザベルと呼ばれた女児がある。イザベルは聾唖者の母親とともに生後6年半，目の当たらない狭い一室に閉じ込められて育った。母親は，音声言語を持たず，親子の交流は，粗雑な身振り語によるだけだった。家人は，ほとんど2人の世話はせず，したがって他の家族からの話しかけもほとんどなかった。

　イザベルは，こうして通常の言語環境をまったく奪われたままで育ったにもかかわらず，救出されて正常な社会環境を回復し，また言語教育（普通の家庭で何気なく行われている言語的訓育を組織化したもの）を受けると急速に言語能力は発達し，約1年半で日常的には不自由のない程度にまで到達した。以後，2年遅れで就学し，正常水準に追いついた。

　この事例から知られることは，言語発達に必要な環境条件とは，必ずしも通常の発声(有声)言語でなくともよい。聾の両親から生まれた健聴の子どもの第1言語は身振り語であるが，このことは後の有声言語の習得に不利とはならない，などと思い合わせると，その持っている含意は極めて大きいと言うべきであろう。LADを賦活する環境とは，必ずしも形に現れた言語ではなく，むしろ，養育者と子どもとの間の心の通い合いという独特の共鳴世界である。母親語は，そのひとつの象徴と言うべきであろう。

この通い合いを示すコミュニケーションは，発語以前に乳児がしきりに行う指差し・手差しに最も顕著に現れるが，このような「共同注意」は，すでに生後1か月過ぎからの母親と子どもの見つめ合いとして始まっていることに気づく。共同注意過程は，2つの別々の心（主観）が，さまざまなレベルでの一致を求めて（例えば，対象への興味），相互干渉を行う行為と見られるから，「相互（間）主観性」と呼ぶ。相互主観性は，2～3か月頃の母親の呼びかけに応じて手足を活発に動かす，空腹を訴えて泣くなどの原初的な形態（第1次相互主観性）から，9～12か月頃には共同注意を手がかりにして，相互に相手の意向を理解する（例えば，指差しでハトに興味を示す）第2次相互主観性の段階へと発達していく。上にその様相を見てきたように，母子（養育者-子ども）間の共鳴世界は，特に発語以前の段階では，子どもの精神生活を次第に豊かにしていく主役を占める。しかし，それは打てば響く即応性を持つとともに，反面閉鎖的に過ぎる。ことばの芽生えとともに，子どもの精神生活は，次のより開かれた世界へと進む。しかし，共鳴性はなお，過渡期をスムーズに乗り越えるための鍵さえ握っているようだ。

　我々の研究結果では，始語期の幼児に，母親および女性の実験者が，それぞれ未知の3語ずつを教えた場合，その習得度は母親が教える方が圧倒的に高かった。しかも，母親の中でも，子どもとの愛着関係の高いペアほど習得度は高かった。

　こうした事実は，養育者との間の愛着関係の確立とそれに伴うコミュニケーションの働きが，少なくとも語彙の獲得といった言語発達の領域では，1つの必要かつ十分条件をなしていることを示し，また統辞法の獲得についても，少なくともLADの活性を維持するための不可欠の条件であることを示唆している。

4) 言語と認知

　言語は社会生活上不可欠なことは自明だが，言語障害がなぜ大きな問題になるかというのは，言語が他のさまざまな精神機能と密接な関連を持ち，その統合司令部のような役割を果たしているからである。社会性との関連は後に触れるとして，まず認知機能とのかかわりについて述べたい。

　ヘイズ夫妻に，わが子同様に育てられたチンパンジーのヴィキィは，人間的生活にすっかり適応し，同類のチンパンジーのケージの前では，その姿におびえてヘイズ夫人にしがみついたという。パンツをはき，トイレでは排泄後に水を流し，冷蔵庫を開けてジュースを取り出し缶切りで開けてコップに注いで飲むなど，日常行動は優れた運動能力も手伝って，人間の幼児と同様か，それ以上だった。さまざまな課題解決，例えば棒を使って細い金網の管の中の果物をつつき出して取るといった事態でも，実験室育ちの仲間よりも格段に優れた成績を示した。人間的環境に慣れた動物は，人間の言語や文化に敏感になると言われるが，ヴィキィはその典型であり，認知的にも仲間に比べて発達水準は格段に高かったと言ってよい。

　しかし，そのヴィキィにもどうしても解けない難問があった。それは，いわゆる時間迷路と言われる課題であり，空間的順序に代わって時間的な順序を鍵とする迷路である。具体的には，3つ並んだボタンを右，左，中といった順序で押すと初めて箱が開き，中の報酬を取れるという課題である。3〜4歳ともなると，幼児はこの課題を苦もなく解くことができる。ところが，ヴィキィは，何度挑戦しても確実に解くところには到達しなかった。

　違いがどこにあるかは，すぐ推察できるだろう。この段階の幼児は，迷路を解く仕組みを言語的に定式化し，「ミギ，ヒダリ，ナカ」というように符号化して記憶する。そうして，苦もなく解

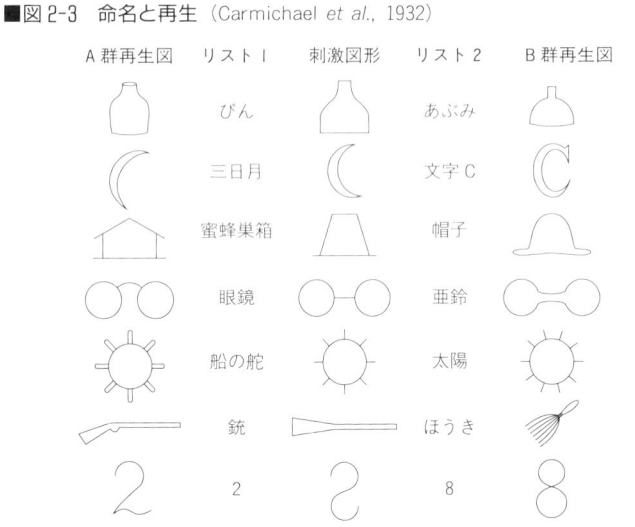

■図 2-3　命名と再生 (Carmichael et al., 1932)

A群再生図	リスト1	刺激図形	リスト2	B群再生図
	びん		あぶみ	
	三日月		文字C	
	蜜蜂巣箱		帽子	
	眼鏡		亜鈴	
	船の舵		太陽	
	銃		ほうき	
	2		8	

くことができる。これは、人間的知性の働きを最もよく示す例と言えよう。

　ことばは、このように現実の世界の秩序を記号体系に翻訳することによって（表象），その秩序の理解や記憶を促し，また次には，それを「ヒダリ，ナカ，ミギ」のように操作して，新しい課題に適応することを可能にする。先に触れたように，手話を教えられたチンパンジーは，自発的に3語文を使うなどかなりな記号操作能力（象徴機能）を示し，仲間同士手話により物の名前を教えるなど，新奇な能力をも示した。だから，チンパンジーも，かなりな程度の象徴機能を持っていると言えるのだが，言語的課題解決能力ではとても幼児にすら及ばない。

　このような例をもうひとつだけ紹介しておこう。A群の被験者には「眼鏡」，B群の被験者には「鉄亜鈴」を見せるとあらか

じめ教示しておいて，図2-3のような刺激図形を見せて記憶させ，後に再生を求める。すると，眼鏡と言われたグループでは眼鏡らしく，鉄亜鈴と言われたグループはまたそれらしい変容を示すのが普通だった。なかには，眼鏡と言われてご丁寧にツルまで書き加えるような例まで見られた。この結果は，言語的符号化が記憶のための有力な手段であることを示し，また，時としてその強大な力は認知様式をある程度左右することを示唆する。

アメリカの文化人類学者E.サピアとB. L. ウォーフは，こうした事実を踏まえて，人間の思考様式はその人の持つ母国語の特質によって規定されるとする言語相対性（サピア・ウォーフ）仮説を唱えた。この説は，よく知られた図2-4（次頁）によって説明されることが多い。例えば，イヌイット語では3種の雪の状態をそれぞれ別のことばで呼び，それらに共通する「雪」という一般名称はない。イヌイットの人々は，これらの間の共通性を認めないからこうなる。人々は，自分の持つ母語の語彙体系のあり方によって世界の見方を規定されている，と。

言語相対性仮説は，よく上のように誇張されて解釈されている（強い言語相対性仮説）。しかし，この解釈では，イヌイットは各種の雪の共通性を認知することができないという，およそありそうもない結論に導かれる。そこで，今ではこの強い仮説は捨てられ，代わって弱い仮説が採用されている。

TelevisionはTVに，パーソナル・コンピュータはパソコンにとだんだん省略されていく。使用頻度の高い語ほど短くなるというのは，ジップ（Zipt）の法則という名で知られた原則であるが，ここから知られるように，よく使われる語，つまりその文化の中での関心を集める事物，一般的な価値の高い対象などは長いことばや「積もっている雪」のような複合語ではなく，なるべく簡潔な基礎語彙で表現される。イヌイットの人々にとって大切な

■図2-4　言語によって異なるカテゴリー分けの体系 (Whorf, 1956)

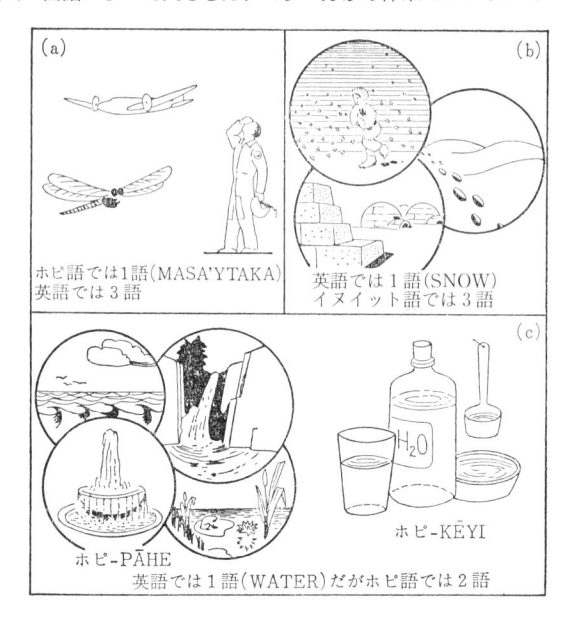

(a) ホピ語では1語(MASA'YTAKA)　英語では3語

(b) 英語では1語(SNOW)　イヌイット語では3語

(c) ホピ-PĀHE／ホピ-KĒYI　英語では1語(WATER)だがホピ語では2語

のは，雪一般ではなく，例えば氷小屋（イグルー）を作る材料になる堅い雪なのだ。そう理解できるだろう。だから，ことばの違いは，関心・価値・目立ちやすさなどの差を示すものとして重要だ。弱い仮説は，このように定式化される。

　国際化時代を迎え，保育園や幼稚園にまで，いやおうなしに外国の子どもが増えてくることは避けられない。こういう時に，言語相対性仮説の持つ意味はやはり重要である。「甘え」は，西欧語には翻訳できないという説は有名だが，気力や情緒なども同じであろう。まして，「ひきこもり」や「パラサイト・シングル」などは，外国語に翻訳できるのか。もっと考えるべきは，「義

理・人情」を"loyalty and friendship"と訳せば意味が通じると思ってよいのだろうか。

　上のような疑問は，言語相対性仮説から半ば必然的に導かれるものだ。強い仮説の誤りは，感覚的識別が認知のための主要な手段をなしている対象に対してまで言語の拘束力を拡張したために起こったのに気づくだろう。しかし，弱い仮説は，言語的説明以外に認知的接近のための手段のない対象に対しては，その理解は結局文化的理解の問題に帰着することを教えている。

　言語は，ピアジェの言う「操作」に対しても，その裏打ちを与える点で重要な寄与を果たすことは言うまでもないが，この点でL. S. ヴィゴツキーの発達説はなお大きな発展性をはらんでいる。ヴィゴツキーは，言語ははじめコミュニケーションの手段（外言）として発生するが，やがて5〜7歳頃の自己中心語という過渡期を経て，思考の用具（内言）としての新しい特質を獲得していくとした。このことは，幼児期が言語発達とからんで思考活動の発達期をなすことを指摘している。

IV 知能の消長

　知能という用語は，かつて護符のような魔力的響きを帯びていたが，近年ようやくここにも見直しの機運が訪れている。知能の基本問題，近年の動向などはQ&A 1を見ていただくこととして，ここでは，幼児期における知能の発達とその後の変遷について触れるにとどめる。

　成人期の知能の半分くらいが4〜5歳頃までに作られるので，幼児期の英才教育が大切なのだという説が一時期，流行したことがある。この説の根拠は，いわゆる知能の恒常性の研究から派生

したようである。

　知能は，昔から人間の根深い特性と信じられてきたので，一生を通じて容易に変動しないはずだと考えられてきた。それを示すには，人の生涯のさまざまな時点でIQを測定し，それらが不変であることを示せばよいとされた。一般的には，IQは，18〜20歳頃ピークに達し，以後は徐々に低下していくが基本的には一定と考えられていたので，18歳以前のIQと成人期のIQとの相関を求めるという方法が取られる。

　成人期に達してからのIQがほぼ一定というのは，IQテストが元来は発達テストであるからで，成人期の知能を測るのに適したテストは未完成と言ってよい。また，20代からのIQ低下は，スピードテストに弱くなるためといった理由があり，上の結論を額面通りに受け取るのは問題がある。これらの問題そのものが，IQへの過大信仰を暗黙に物語っているのだが，4歳でIQ半分完成説も実はIQが高い遺伝規定性を持つと信じる人々によって創られた説である。その根拠は，4歳ともなると，そのIQは成人期のIQと極めて近いものになる（相関係数，$\gamma \fallingdotseq 0.7$）という資料に基づいている。$\gamma^2$はいわゆる予測率を示すから，4歳時のIQですでに成人期IQの半分ほどを予測できることになる。

　しかし，こうした資料にはいろいろなものがあり，一方的に，4歳になるとそのIQは成人のそれとの相関が大きくなると決めつけるのは早計であろう。しかし，幼児期の知的成長は表面的には目立たないが，案外大きな意味が潜んでいるのかも知れない。最近の脳科学も，発達初期の刺激入力がそれに対応する特定分野の神経細胞の成長や関連するシナプス増殖などに大きな役割を果たすらしいことが知られてきた。このことは，やはり，発達初期の刺激入力の質や方向性が，その後の認知発達に無視できない影響を与えることを示唆する。

その点で注目すべきは，ダウン症児の早期療育の成果であろう。ダウン症は，ひと昔前まで短命で重度精神遅滞に至る遺伝病と考えられていたが，高齢出産に多いなど遺伝説とはそぐわない特徴もあり，原因は必ずしも明らかではなかった。しかし，1959年にダウン症では21対目の染色体が通常は2本のところが，胚の分裂不全によって3本となるという染色体異常（21トリソミー）が原因であることがようやく突き止められた。

　ダウン症は，かつて「蒙古症」と呼ばれたような頭の形その他に特徴があり，出生時にも判別がつきやすい。そのため，すぐに施設に送り込まれる子どもが多かったという。一方，しばらく家庭で育てられたあと，施設に送られる子どももいた。この2つのグループを比べると，はじめ家庭で育ったダウン症児の方が発達水準が高かった。

　ここから，当然，ダウン症児の発達を支えるためには早期の知的教育も含めての各種の療育が有効だろうと考えられるようになる。実際，1970年代からアメリカを中心にダウン症児の早期教育プログラムがいくつか開発され，広く普及をみた。現在では，早期療育は，ダウン症児の初期の発達遅滞を防ぐのに大きな効果のあることが確証されている。（ただし，それだけでは長期にわたるIQ低下を防ぐのは難しい。早期療育という土台に立っての，その後の統合教育その他長期の療育計画があって初めて，発達遅滞の防止はかなりの程度に成功する。）

　長期にわたる知能（IQ）の消長に関してもうひとつの注目すべき資料は，加齢に伴い知能は必然的に低下すると考えられていたのだが，それは確実かという問題である。近年アメリカで行われた大規模の調査結果では，小学校教育の普及につれて，IQ低下の度合いは弱くなることが見出された。

　以上の2つの事実は，いずれも乳幼児期から学童期にかけての

■図2-5 コロラドプロジェクトでの特定認知能力の親子間の相関：養父母養子，生物学的親子，統制群 (Plomin et al., 1997 より作成)

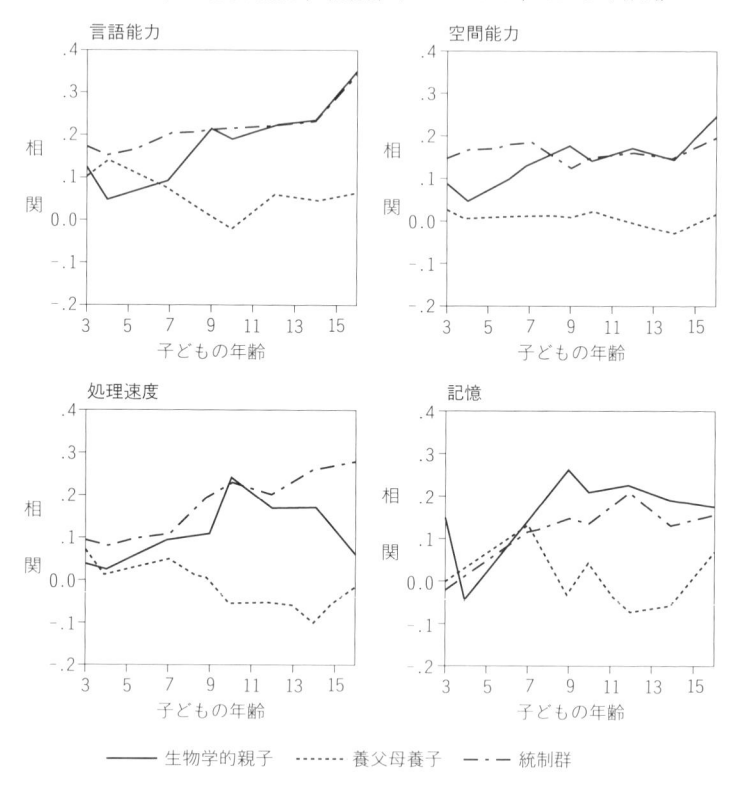

基礎的教育と学習が，その後の知的発達の土台を作るという意味で重要な役割を果たすことを示す。その点では，乳幼児期の知的学習は，後の学習のための準備または必要条件として肝要だと言わねばならない（むろん，これは早期英才教育のすすめなどではない。IIの「認知発達」を見直してほしい）。

近年の行動遺伝学の知見によると，確かに発達初期ほど環境・教育・学習などの知能に及ぼす影響は大きいが，以後，次第に知能の水準は遺伝的・素質的なそれに近づいていくとされる。しかし，それは総体としての知能（IQ）について言われることであり，詳細を見ると単純にそうは言えない。

　知能の分類のひとつに，結晶性と流動性という区分がある。呼び名の通り，前者は経験や学習による蓄積の所産を指すのに対し，後者はいわば情報処理能力といったもの，俗に言う頭の回転の速さなどを指す。普通に言う知能の20歳ピーク説は，主として流動性のそれについて言われることである。結晶性の知能は，当然，20歳どころか，場合によっては生涯を通じて伸張していくものであろう（一般の人々が，知能心理学の成果として，知能が青年後期にピークに達すると聞かされて，何となく腑に落ちない感じがする理由は，ここにある）。

　図2-5を見ると，養子に行った子どものIQは，遺伝規定性が強いと言われる言語や空間認知については，加齢とともに次第に実父母との相関が高まり——遺伝的水準に落ち着くことが見られる。これに対し，記憶のような能力は必ずしもそうはならない。このようなデータもまた，経験・教育・学習などの影響力を示唆している（処理速度についてはどうか。各自考えてほしい）。

　普通に言う知能は，流動性知能のような分野では遺伝規定性がかなり高く，早期英才教育といった方法でそれを伸ばすことは困難であろう。しかし，結晶性知能のような分野では，初期の学習や経験が知的探索の方向づけや基礎づくりとして大きな役割を担い，ひいては加齢に伴うIQ衰退の防止にも一役買っているようにみえることに注目しなければならない。

■第3章■

社会性の発達

I 社会関係の拡大

1) 家族という1次集団

　第1章と第2章の随所に，乳幼児と養育者の間の心の通い合う関係は，やがて緊密な共鳴世界を形づくり，子どもの成長にとって最も肝要な背景条件となっていくことを見てきた。しかし，愛着と呼ばれる，そのペアに独自のコミュニケーション様式は，ことばという一般的なコミュニケーション用具の獲得によって終わりを告げ，より一般的な対人関係の広野が開けていく。

　そうは言っても，そこには，当然順序がある。乳児期の愛着は，通常第1養育者としての母親に向けられ，父親ですら，時として人見知りの対象になる。しかし，愛着の範囲は次第に広がり，家族内の成人は第2養育者として位置づけられる。年長の兄や姉も，これに準ずる。

　実際，昔の子だくさんの時代には，姉や兄が実質的な養育者であることもまれではなかった。付け加えると，幼児期の入院に関しては，（母）親の付き添いが幼児の不安を軽減するのに大きな

効果があることが確かめられている。親の付き添いがなく単独入院の時には、無事退院できても、薬品の匂いや白衣、刃物などに対してパニックに陥るなどの恐怖症状が後遺症として現れることが多く、頑固な場合は半年以上も持続すると言われる（一時流行した完全看護制は、幼児の場合好ましくない）。ところで、親の付き添いが不可能な時、年長の兄弟が付き添うことでも、幼児の不安はかなり軽減できるという。兄弟関係は、よく親子という上下関係に比べて比喩的に斜めの関係と言われるが、同胞でもあり保護者でもあるという独自の関係がここに表れる。

　兄や姉に次ぐのは、祖父母その他の血縁の人々であろう。同居家族の場合、祖父母がむしろ親代わりという例も珍しくない。同居の叔父や叔母なども、これに準ずる。

　ここまでは、血縁による自然のつながりを持つ人々（第1次集団）であり、幼児の愛着には生物学的基礎があると考えられる。近年の社会生物学では、いわゆる「利己的遺伝子」説が強調されている。今までの個体中心の考え方に代えて、個体はむしろ遺伝子の乗り物にすぎず、生物の究極の目標は、自己遺伝子の維持と増殖にあると見なす。この見地からは、できるだけ多くの子孫を遺すのが大切という従来からの最適者生存と同じ原則が説かれることは言うまでもないが、それとはかなり異なる様相も現れてくる。例えば、兄弟姉妹は、平均して50％の自己と同じ遺伝子を共有している。仮に兄弟2人のために自分が犠牲になっても、2人が生き延びれば合計100％の自己遺伝子が存続することになるから、遺伝子としてはまったく同等である。3人の兄弟のための自己犠牲なら、遺伝子を遺すためにはむしろ有利と言えよう。

　社会生物学者は、このような天性が家族愛の基礎となり、その拡張された形態が愛他心につながっていくのだと言う。

　細部には異論の余地はあっても、利己的遺伝子説は、家族愛が

普遍的である理由を巧妙に説明していると言うべきであろう。さらに、東アジア諸国の場合は、ここに儒教道徳という長い伝統が重ね合わされることも、忘れてはならない。

　儒教と言うと、私たち日本人は、すぐに孔子や孟子を連想する。しかし、これらの中国思想家の体系は、儒教倫理の洗練と定式化の所産であって、そのもとにある儒教信仰は、元来は素朴な土俗的信念を表す一種の宗教だと言ってよい。その教義の中核は、家系の繁栄と存続に置かれている。ここから当然、孝といった徳目は、最高の価値とされる。家系の存続を担う子どもの価値も無条件のものとなり、いわゆる「子宝思想」が生まれる。（儒教思想は家系、社会生物学は遺伝子の存続に重点を置くという違いはあるが、根本原理は似ていないわけでもない。ただし、儒教思想では、家系は男児を通じてのみ伝承されるので、女児は対象外となる。かつての日本でも、男児尊重という伝統が強かったのは、一半はこの儒教思想に由来している。この点は、社会生物学との大きな相違点となる。）

　しかし、それは昔の話であって、今の日本の人々の考え方はそれから遠いのではないか、そういう反論もあるだろう。しかし、近年大流行の韓国ドラマ「冬のソナタ」には、儒教的家族観という背景が潜んでいるようにみえる。アメリカの小学生は、与えられた課題よりも自分で選択した課題の方にはるかに熱心に取り組むが、中国や日本の小学生は、親が価値を置く課題に最も高い動機づけを持つといったデータもある。挙げていけばきりもないが、やはり長い文化の伝統はどこかに生き残っている。

　筆者は、かつて、このような儒教的な家族観についての比較文化的研究を試みたことがある。例えば、「子どもが1人なら男子を望む」、「自分の父親にはできるだけ長生きしてほしい」、「親族への愛情は友情より強い」などの41問に、賛成・どちらかと言

えば賛成・どちらかと言えば反対・反対の4件法で回答を求める。被調査者は、アメリカ・イギリス・中国・韓国・日本の5か国の中大都市居住の幼稚園児の父母と男女大学生である。

興味深い結果を多少述べるなら、「一人子には男子を望む」に対して最も否定的だったのは、中国の被調査者だった。儒教的な伝統も、一人子政策という政治的要因によって急速に変化していることがわかる。また、「先祖崇拝は自然の感情」という設問には、西欧世界の被調査者は、どの群でもすべて反対だったのに対して、中韓日の人々はどの群でも賛成に傾いていた。ここには、やはり儒教文化圏の特色が色濃く表れていると言うべきであろう。

回答の全体を使い、各群の間の距離を計量化して近いもの同士を組にし、さらに近い組同士を近い距離に並べ直していく作業を重ねると、一種の系統樹が出来上がる（階層的クラスタリング）。その関係の図示は、樹形（状）図と呼ばれる（図3-1）。

これを見ると、まず鮮やかに、大きな枝分かれがアメリカ・イギリスの西欧文化圏と日中韓の東アジア儒教文化圏との間にみられ、次いで、東アジアでは中国と日韓が分かれるのがわかる。日本と韓国とは年代・性別で見ると双方実に近い位置にあり、違いは日韓の差よりもむしろ世代差にあることもわかる。文化的な伝統は、相対的な差異として見れば、やはり根強く残っていると言えるだろう。

こうした子宝思想の伝統は、生物学的な家族愛に加重されて、日本の家族の緊密な絆をいっそう強めていると考えられる。反面、それを失った時のダメージもいっそう大きくなる。さらに、絆の固さは、「教育ママ」という語に象徴されるように、子どもにとっての強い束縛や負担にもなりかねない。そのはざまに、まさしく日本の社会は直面していると言うべきであろう。

■図 3-1　20 グループの樹形図

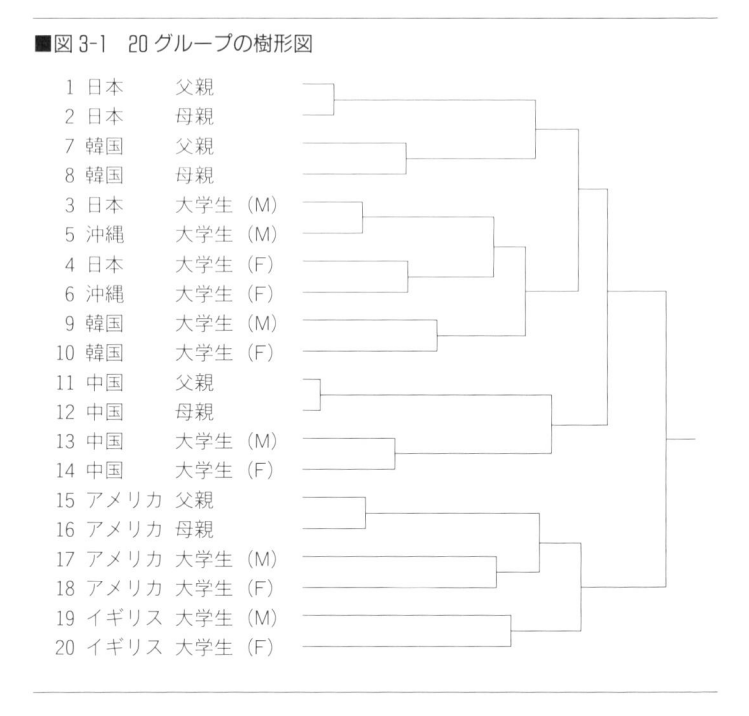

```
 1 日本      父親
 2 日本      母親
 7 韓国      父親
 8 韓国      母親
 3 日本      大学生 (M)
 5 沖縄      大学生 (M)
 4 日本      大学生 (F)
 6 沖縄      大学生 (F)
 9 韓国      大学生 (M)
10 韓国      大学生 (F)
11 中国      父親
12 中国      母親
13 中国      大学生 (M)
14 中国      大学生 (F)
15 アメリカ  父親
16 アメリカ  母親
17 アメリカ  大学生 (M)
18 アメリカ  大学生 (F)
19 イギリス  大学生 (M)
20 イギリス  大学生 (F)
```

2) 2次集団へ

　身の回りを顧みると，儒教的世界観などと難しいことを言わなくとも，「ウチのカイシャ」「ウチの大将」などの表現が目立つ。テレビ・リポーターは，まったくの見知らぬ他人にも，「お父さん」「お姉さん」などと，取りようによっては実に奇妙な呼びかけを行う。

　これらの慣習は，私たちがいまだに家族とその拡張としての血縁集団や地縁集団以外に適切な社会関係のモデルを持っていないことを暗黙に示している。終身雇用制の良し悪しは別として，こうした制度が今まで当然のものとして維持されてきたことから

は，家族という血縁集団モデルによる社会観が，ただの観念ではなく，現実に大きな役割を果たしていることをも思い知らされる。

　子どもが初めて出会う家族・近親者やそれに類する人以外の人々（2次集団）とは，何だろうか。おそらく，日本の子どもの社会化は，やはり日本的な方式で行われることが多いと思われる。つまり，血縁集団や地縁集団の拡張という形で，幼児はさまざまな新しい対人関係を結んでいくのだろう。例えば，父親や母親の親しい近隣の知人，地域の子ども好きの商店主などが「〜のおじさん，おばさん」という形で紹介される。これらの人々は，言わば家族の延長だから，格別の抵抗を受けることは，ほとんどない。裏返して言えば，本当の意味での2次集団には当たらない。

　擬似的な血縁や地縁を持たない新奇の集団と言うと，多くの人々はすぐ幼稚園や保育所を思い浮かべるだろう。現在の保育所には，0歳児保育こそ少ないものの，満1歳に達してからの入所は珍しくないし，幼稚園も2歳児からの保育を行うところが増えている。しかし，では，幼稚園や保育所の教職員，一緒に入園した子どもたち，これらの人々は入園児にとって血縁関係はないからといって，純粋な2次集団と言えるのだろうか。

　保育所での筆者自身の観察では，確かに入所当初は，親から離れると泣き続け，1週間以上も続くといった例もたまにはある。そこまでいかなくとも，2〜3日は泣く例は珍しくない。しかし，この期間を我慢していると，子どもはやがて母親との「分離不安」を乗り越えて，何ごともなかったかのように，元気に遊び始める。それは，保育所の体制が，やはり家族養育の延長線上にあるためであろう。子どもは，言わば，担当保育士を第2養育者として，再発見するのである。

したがって，家庭内の親子関係がそのまま，あるいは裏返しの形で反映される事例もまた数多い。母親に対すると同じように保育士にかみつく子，家出した母親のすき間を埋めるように朝必ずオンブやダッコをせがみ，それがすまないと落ち着かない子，さまざまである。保育所は，「保育に欠ける」子どもの養育に当たる伝統を持っているからと言うのなら，その理念そのものが家族の延長という姿を示していると言うべきであろう。現在は，昔のような形で保育に欠ける子は少数にすぎないが，この伝統は生きている。当然ながら，保育士との関係で困難を生じ問題を起こすケースはほとんどないように見受けられる。少なくとも，保育所職員は2次集団などではない。

　幼稚園は，これに対して，伝統的には教育機関のひとつと位置づけられているので，その体制は異なっている。家族の延長としての様相も，保育所ほど色濃くはない。しかし，2歳児入園の広がり，さらには，地域の子育て支援センターの役割を負うケース，地域によっては補助金申請の便宜上，保育所という名前で実質上の幼稚園を大量に開設したところがあるなど，さまざまな事情によって，幼保の壁は次第に低く薄くなりつつある。

　第3巻に説かれるような社会状況の変化によって，今後もこの情勢はさらに加速されるであろう。旧来の2元化のタテ割り行政にもようやく反省の機運が見え，2006年度には新しい総合施設が造られる運びになっている。幼稚園も，問題児への対処その他については保育所から学ぶ余地は大きいように思われ，運営体制も保育所様式に傾いていく可能性が高い。家庭では食事のしつけができていないので，その肩代わりをと幼稚園教育界で主張され実践されはじめたのは，もう20年以上も前のことになるが，こうした主張の裏にある家庭教育補完の姿勢も忘れてはならないであろう。総合して，幼稚園教育の子どもとのかかわりにも，大勢

としては養育者的傾向の強いことは否めず，この見地からはやはり2次集団とは言いにくい。

では，幼稚園や保育所での年長・同年・年少の仲間はどうだろうか。新奇の子ども集団という点だけなら，2次集団であろう。しかし，教育や保育のあり方が家族モデルの延長線上にあるという姿は，ここでもよく現れている。例えば，子ども同士のトラブルは保育者によってすぐに調停され，逆に友好的行為は賞賛される。子ども同士の交流は，常に保育者によって媒介されている。子どもは，保育者を中心とするサテライトなのだ。このこともやはり，家族関係の拡張，つまり大規模な擬似兄弟関係の実現だと言ってよい。すでに兄弟を持つ子どもにとっては，慣れた関係の再現であろうし，一人子の場合は，家庭で体験し得ない新しい人間関係を築く大切な機会として再評価されているのは，言うまでもない。

早い場合は，3～4歳で個性的選択による交友関係も見られるようになるだろう。しかし，それまではむしろ以上のような家族主義的交流から仲間関係が始まるのが，普通ではなかろうか。

3）社会的学習：模倣・感情・ことば

近年の幼児の初めて出会う2次集団とは，いわゆる公園デビューで出会う幼児やその付き添いの人たちであるのかも知れない。ここでは，人々は自由意志によってある場を選択し，そこに集まってくる。多少の地縁的関係がある場合もないではないが，伝統的な地域社会（コミュニティ）が消失状態にある現在では，同じ幼稚園や保育所に通うというより以上の緊密な関係はほとんどない。なぜか，近所よりは少し遠い公園を好む人もある。

かつての自然発生的な近隣の仲間関係に比べて，公園デビューでは状況がまるで違うのがわかるであろう。子どもも母親も，顔

も名前も知らない相手と向き合うことになる。これこそ、まさしく、「赤の他人」と初めて接触する原体験であろう。

　もちろん、年が小さければ小さいほど、直接の接触というよりは、母親（同士）に仲介されての交流が多くなろう。また、幼いほど、同じ場にはいても相互に勝手な遊びを別々にという、いわゆる平行遊びが多くなる。それなら、別にわざわざ公園に仲間を求める必要はないのではと、疑問が起こることだろう。

　乳児を1人で置き、そこにいろいろな人物がゆっくり近づいていく時、どのくらいの距離まで近づいたら、泣く、警戒などの拒否反応を示すだろうか（パーソナルスペース実験）。結果は、年が小さいほど、また、女性は男性よりも、近い距離への接近が許される。しかも、こうした識別は、生後半年くらいから始まっているらしい。つまり、乳児は、身体の大きさといった目立つ属性だけではなく、性別や年齢などのより微細な属性の識別も、かなり早くから可能なのだと考えられる。

　ここで大切な結論は、乳幼児にとって、年の近い仲間は不要な恐れや警戒心なしに、ともにいることのできる相手だということである。平行遊びだから意味がないと考えるのではなく、まず第一段階としての接近があり、そこから相互交流の途が拓かれていくと見るべきなのだろう。

　公園デビューは、ひと昔前の小学校入学にも比肩すべき初めての2次集団への加入であり、その点での年齢的な早期化は大きく加速された。また、家族から同輩への移行にさまざまな意味で仲介的役割を果たしていた兄弟関係も、急速に消失しつつある。これらは相まって、日本の子どもの社会化過程を変容させる可能性をも秘めていることは注意すべきである。

　それはさておき、同輩集団との交流は、幼児の発達にどんな影響を与えるだろうか。取り上げればきりもないし、後の交友関係

の基礎を作るものとしての意義は誰しも疑う人はいないだろう。しかし、それ以外にもさまざまな成長のための資源がそこには潜んでいる。

　親と年上の兄弟、それぞれとともにいる幼児の行動をよく観察すると、影響の受け方には明らかな違いがあるという研究がある。親と一緒にいる場合、幼児は親の言語的指示に最もよく注意を払う。たびたび触れたように、この種の交流が言語発達の基礎を作る。一方、年上の兄弟と一緒の時、幼児は兄弟の行動、特にその遊びの対象に注意を払う。親をことばの世界への案内人になぞらえるなら、年上の兄弟は、運動・工作など技能の世界への案内人だと言えよう。確かに兄弟の見よう見まねで、スポーツや音楽などに興味を持つ例は多いように見える。

　年上の兄弟関係を失いつつある現代の幼児にとって、幼稚園・保育所などの同年・年長・年少の仲間は、大人のそれとは違う別の世界への案内人として、いっそう貴重な存在となった。子どもには、それぞれ個性がある。ある子は、幼児期から結構サッカーが巧み、ある子は主にお絵描き、ある子は折紙といった具合である。幼児集団では、さまざまな場面でその子の得意な技能を、他の子が模倣し吸収するという様相が見られる。最も目立つのは、例えば「昨日の七夕」という課題のもと、いっせいにお絵描きをするような場面であり、至るところ隣の子のテーマや技法をまねるのが見られるだろう。

　社会的学習の範囲は広いが、こうした直接・間接の模倣は、その最も始原的な形態であり、個々の子どもの精神生活を豊かにする上で、それまでの家族集団からのそれとは大きく異なる源泉になっていることは、何度繰り返しても言いすぎではない。また、以上は最も典型的な技能上の模倣について述べたのだが、それ以外にもさまざまな模倣学習の領域があることも、言うまでもな

い。

　それらのうち，重要なもののひとつは感情制御である。最近は，「きれる」といったことばが流行し，短絡的な感情表出と暴走を示す子どもの多いことが問題となっている。感情の制御は，多段階にわたり，また多様な機制や条件によりようやく作られていくことは想像に難くないだろう。なだめやすい子，なだめにくい子，子どももいろいろなことは誰でも知っているし，新生児時代からすでにその特徴は表れている。要求授乳か時間決め授乳かの論議は，欲求不満（フラストレーション）耐性を養うことの必要性と結びついているのも言うまでもない。

　幼児期の仲間関係は，感情（情動）制御にどんな役割を果たしているのだろうか。模倣の場合も同様だが，ここではプラス・マイナス双方の影響がそれぞれ際立つ。乳児院のたそがれ時，1人の子どもが泣き出すと，いっせいにもらい泣きが起こるという。このように，強い情動は集団感染を引き起こすことが多い。幼児の集団も，時に感染性の興奮で手のつけられない状態になることがあるのは，多くの人が経験する（ついでながら，ADHDの診断は男の子に圧倒的に多いけれど，その一部はこのような一過性の感染状態を見誤っているだけかも知れない）。

　親や保育者の大きな役割は，正負両方向にいく可能性を持つ感情（情動）の発達を，その時々の状況を正しく見極め，望ましい方向に導くべく努力をするところにあろう。その意味で，仲間関係が感情制御に果たす可能性は，いろいろあることに目を留めねばならない。

　手術のための入院前の子どもに，その様子を説明して不安を防ぐためのビデオを見せる。この時，医療専門家の大人がわかりやすくていねいに危険はないことを説明したあと，無事手術を終わった大人に体験を語ってもらうのと，同年輩の子どもが「痛くな

かったよ」と言うのと（モデリング），どちらがより不安を軽減できるだろうか。すぐ想像できるように，後者の方が圧倒的に安心をもたらすものだった。

　注射をこわがって泣く子に，痛くないからと懸命に説得するのと，もう注射を終えた子が痛くなかったと言うのと，どちらが効果的か，上の実験から結論は明らかだが，こんな人工的場面でなくても，似たような状況は，保育所や幼稚園では日常至るところにある。不安や恐怖を抑えるための感情制御は，後々まで続く大切な事柄だが，ここにそれを養うひとつの根がある。

　その他，触れ始めればきりもないが，幼児期すでに，公正という感覚が養われ，えこひいきには特に敏感になる。親や指導者は，常にここに思いを致していなければならない。しかし，3〜4歳ともなれば，弱い子が大切にされているのを見ても，その理由はわかり，自らも優しい同情を抱くようにもなる。

　ことばと認知発達との関係についてはすでに述べたが，感情制御についても，ことばは相応の役割を果たす。その意味で見逃し得ないのは，子どもの嘘の出現である。筆者のよく知っている2歳の女児は，母親に無断でクッキーを食べるのは禁止されていたのに，その缶を見つけ，食べ始めていた。たまたま見とがめた筆者が母親の許しがあったのかと聞いたら，あったと答えた。その直前までずっと母親と話をしていたので，これは明白な嘘だった。

　日本では，「嘘つきは泥棒の始まり」という諺が好まれる。そのためかどうか，多くの母親も先生も，必要以上に嘘を恐れる傾向が強い。しかし，嘘は，子どもが「今，ここ」の世界を乗り越えたことを示す一里塚なのである。嘘が悪いのは，利己的な目的に沿って架空の事態を作り上げ，利用するところにある。しかし，上記のような例は，最も原始的な防御反応であって，嘘と言

うには当たらないほどのものであることも言うまでもない。日常会話が可能になる頃には、この架空の世界が理解できるようになり、ベッドタイム・ストーリーを楽しむ基礎になっていることも言うまでもない。こうして、子どもは、人間の特権をなす広大な別世界の入口に到達する。これから後、子どもは物語・テレビ・絵本その他さまざまなものの中に、自らのものの客体化された感情を読み取ることを覚え、こうして怒り・恐れ・悲しみ・喜び・驚きなどのさまざまな感動を追体験し、人間特有の感情生活（情操）を知るに至る。

　ことばは、やがて対人関係を調節し、社会性の基礎を作る。3～4歳ともなれば、相手の言うことを「～ちゃん、～する」のようにオウム返し的な発話が見られるようになる。相手の意図や視線を言語化して取り込む働きとも言えよう。こうして、他者を理解するための「心の理論」の基礎が作られていく（Q&A 14参照）。このような過程も、内言発達の1段階と見られるのだが、やがて5～6歳になって内言機能が十分に備わると、ことばは意思動作の調整の役割を果たすようになる。

　ことばについて、もうひとつ触れたい。近年の親や養育者が、初めて2次集団への仲間入りする幼児にまっ先に教えることばは、「入れて」「貸して」「ごめんね」の3つだそうである。確かに、これらは、日本の幼児にとって3種の神器なのかも知れない。ここには、何よりも協調をという親の態勢がよく現れている。しかし、アメリカの母親なら、まず何を教えるだろうか。

　日米の中産階級の母親の育児目標の比較研究では、両者とも早い「自立」を望むという点は同じだが、その内容はかなり異なっている。アメリカの母親が言うのは、他者に対する自己主張が中核だが、日本の母親では対照的に他者との協調が肝要とされているようである。日本の社会もグローバリゼーションの掛け声とと

もに、さしもの終身雇用制すら大きく揺らいでいる。伝統の家族主義的社会観にも当然かげりが見えてきているのに、なおそれに代わる積極的な社会観は見当たらず、社会化の目標も定かではない。しつけ目標の昏迷も、同じ問題の別の面をなし、今後の国民的課題のひとつとなることを、常に意識しなければならない。

II 性格の理解

1) 性格の基礎

　性格という語は日常よく使われ、わかりきったものとして扱われている。しかし、少し考えてみると、そう簡単なことでもないのに気づくだろう。普段は目立たず、おとなしいと思われていた子どもが、突然残虐な事件を起こすといった例が、近年いくつも重なった。こういう場合、それは「二重人格」などと、片づけてしまってよいものだろうか。

　性格研究を専門にする心理学の分野でも、その解明はひと筋縄ではいかないやっかいなものと見なされている。例えば、用語ひとつをとっても、上の簡単なフレーズの中に、「性格」と「人格」という2つのことばが現れているのに気づく。実は、こうした用語そのものに、すでに考え方の違いが反映されている。

　「性格」は、もともとは character という用語の翻訳であり、原語はヨーロッパの心理学者によってよく使われるものだ。これに対し、「人格」は、アメリカの心理学の用語 personality の翻訳語である。ここからわかるように、2つの用法は、そのまま新旧両大陸の人間観の差を示していると言ってよい。

　キャラクターとは、もともとは彫刻や彫ることを指し、そこからしっかり彫り込まれたものを意味することになった（この語が

また文字の意味にも使われるのは、文字がはじめ粘土板に彫り込まれるものだったからである)。これに対し、パーソナリティの語源は無言劇の仮面を意味する。こうした語源の差は、両者の持つ内容やニュアンスの差に通じている。

ここに由来する主な対立点の第1は、生得性を肯定するか否かにある。キャラクターの方は、語義から見て当然、遺伝・生理的素質などを人間の個性を左右する第1原因と見るのだが、パーソナリティは着脱自在な仮面を意味しているから、個性はむしろ社会的・対人的環境要因によって作られるとする。

第2の対立は、キャラクターが、人間性あるいは個性の本質を根深い根源的なものに求めるのに対して、パーソナリティでは、むしろ自由な側面、その時々の状況に柔軟に適応するという性能、言わば表看板に求めることである。ヨーロッパの心理学、特に精神分析学やユング心理学が無意識という深層の側面を重視するのは、そのひとつのあらわれである。キャラクターとは、天性の役柄だと言ってよいし、一方パーソナリティは役割と呼ぶのがふさわしい（あの俳優はキャラクターがある、この番組のパーソナリティは誰々だといった言い方は、上のように考えるとよく理解されよう)。

第3に、上の2つからわかるように、キャラクターは、個性とは不変で一貫したものと信じているのに対し、パーソナリティは、それよりも柔軟な適応性を重視すると言えよう。

違いを取り上げれば、まだまだ続くだろう。しかし、性格の基本的理解という点に絞れば、文化の違いによってさまざまな違いが生まれることを知るだけで十分であろう。それらはまた性格の科学的研究のための出発点を作っていることにも、目を留めなければならない。

緒として、ヨーロッパとアメリカの2つの文化を取り上げただ

けだが，同根と思われている両者（欧米文化）の中にも，これだけ違いが見られるのは興味深い。その他のさまざまな文化を考えに入れるなら，そこにはもっと多様な人間観があり，多彩な性格についての見方があると想定できる（日本ではどう思われているのだろうか。ひとつの演習課題として考えてほしい）。

国際化時代の掛け声は久しく，物と人との流れは速まり自由になった。しかし，多様な人々が多様な価値観のもとにどのように生き考えているかを理解しなければ，本当の国際化はないだろう。性格の問題は，それを考えさせる一助になる。

2）類型学：素質的特性

身の回りを見渡してみると，もちろんさまざまな人がいるが，よく注意すると，そこにある種の対応関係があるのに気づく。丸顔の人は概して陽気だとか，細身で長頭型はあまり社交的ではないが考え深い人が多い，などなど……。

これらの素朴な観察は昔から根強いもので，医聖と言われたヒポクラテスは，体型と病気や気質との関連を体系化している。その名残りは，今でも「多血質」といったことばに遺されている。前項に述べたように，ヨーロッパには古くから，性格の中心としての気質は遺伝的なものであり，それは心身両面にわたって現れるという考え方が強かった。性格と体格（気質と体質）とは，言わば同じコインの両面にすぎないとするのである（日本で大流行の血液型性格学も，類型学の一種であることは言うまでもない）。

数ある類型学の中で最も名高いのは，ドイツの精神医学者 E. クレッチマーの3分類説であろう（図3-2）。彼は，遺伝が主要原因とされてきたいわゆる内因性精神病者の病型と体型との間に，ある関連があるのに気づいたという。統合失調症（精神分裂病）は細長型，躁鬱病は肥満型，てんかんは筋骨型の体型を持

■図 3-2　各体型の模式図（クレッチマー，1955）

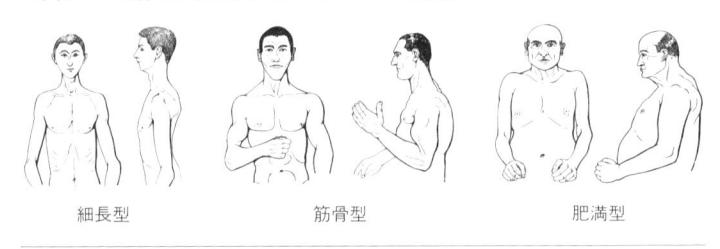

細長型　　　　　　　筋骨型　　　　　　　肥満型

■図 3-3　内因性精神病と体型の関連（クレッチマー，1955）

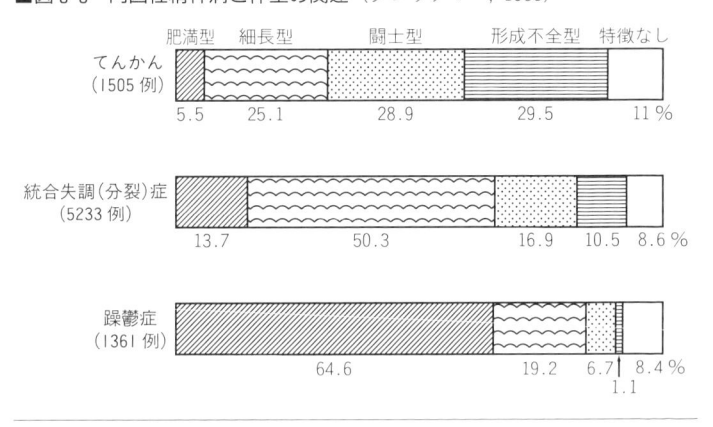

てんかん（1505例）：肥満型 5.5／細長型 25.1／闘士型 28.9／形成不全型 29.5／特徴なし 11％

統合失調(分裂)症（5233例）：13.7／50.3／16.9／10.5／8.6％

躁鬱症（1361例）：64.6／19.2／6.7／1.1／8.4％

つ。それを，1万人近い患者について立証したのが，図3-3である。

これを見ると，確かに統合失調症では細長型，躁鬱病では肥満型が多い。しかし，その関連は過半数といったところであり，完全とは言えない。てんかんの場合は，体型との関連はとても明確とは言えそうもない。

クレッチマーは，上の関連を拡張して，一般の人々でも，性格

と体型との間には密接な対応があるとした。統合失調症・躁鬱病・てんかんそれぞれの病前気質の正常型である分裂気質・躁鬱（循環）気質・粘着気質の3つの気質類型を考え，これらがそれぞれ細長型・肥満型・筋骨型に対応していると言うのである。

　体型と気質の間に関連があることは，日常の観察からも争えないことはすでに述べた。気質は体型と同じく遺伝的・生得的なものだとする意見に，一理はある。しかし，内因性精神病のような極端なケースをとっても，上に見たように，体型との対応関係は完全ではなく，てんかんの場合にはむしろ当たっていない。3つの気質の遺伝規定性は，それほど高いものとはいいにくい。さらに，3分類説よりは，分裂気質対躁鬱気質の2分類説の方がまだしも妥当なのかも知れない（クレッチマーも，出発点では2分類説であった）。

　2分類説を採るなら，ここにクレッチマーに劣らず有名なもうひとつの類型学が登場する。それは，C. G. ユングの「内向・外向」説である。内向・外向とは，それぞれ精神的エネルギーが，主として内側の世界へ向かうか，それとも外側の世界へ向かうかを意味している。ユングは，思考・直感・感覚・感情などの精神の主要機能と組み合わせて，例えば思考的内向などの重層的類型学を創り出したが，これは複雑で現実的でない。そこで，この類型学は，一般的には内向・外向型として受け入れられている。

　内向型は体系的には細長型，また外向型は肥満型と類似性を持っている。すると，クレッチマーとユングの類型学は，よく似ていることになる。問題は，分裂気質対躁鬱気質という分け方と内向対外向という分け方と——この2つにもかなり類似したところ，例えば，外向も躁鬱気質もどちらも社交的などがある——，そのどちらがより根源的かという問題に帰ってくる。

　その後の諸研究によると，この問題は，どうやら内向・外向の

方がより基本的という方向で決着しつつある。近年の行動遺伝学の資料でも、内向・外向はほぼ50％くらいの遺伝規定性を持つとされているようである。さらに、遺伝規定性が同様に高いという点で注目されるもうひとつの類型学がある。

条件反射学の創始者だったI. P.パブロフは、晩年、精神障害に関心を持ち、イヌを使って実験神経症の研究などを行った。この過程で、神経系の機能の個体差が実験神経症に陥りやすいかどうかを決める要因になっていることを見出した。例えば、神経系の弱いタイプ、興奮と抑制の両過程のバランスを欠いているタイプなどが、容易に神経症に陥る。こうした神経系の機能のタイプも遺伝的・生得的なものと見られるから、これも類型学と同質な発想に属する。

このような神経症素質は、人間の場合、通常さまざまな些細な行動の集積として表される。疲れやすい、眠れないことがよくある、大した理由もないのにイライラする、よく頭痛が起こる、何となく不安で落ち着きがない、衝動的な行為に走る、病気にかかっているのではないかと心配……などである。

その後のさまざまな質問紙研究の結果によると、内向・外向と神経症素質の両者が、多くの研究者の承認する普遍的素質特性と考えられているようである（このほかに、協調性・勤勉性・経験への開放を加えて、「ビッグ5（5大因子）」とする説も、近年は有力となりつつある）。また、この2つの次元が組み合わさると、「不安神経症」（内向型）と「ヒステリー」（外向型）という神経症の2大類型が生じるという説もある。

ともあれ、大人の場合、神経症状は自覚症状または社会的逸脱として明確に具現されるので、何らかの対応が取られやすいが、幼児の場合は様相が異なることに、注意を怠ってはならない。自閉症、ADHDなどはっきりした症状の出やすいケースのみが障

害児・問題児として取り上げられているが、幼児期の強い神経症素質のケースでは、それほど顕著な、また他人を困らすような問題点はない。例えば、指しゃぶりがひどい、すぐあくびが出る、積極性がない、仲間の選り好みがひどい、家庭では気難しい、怖がり、すねる、集団活動になじまない……。一つひとつを取れば、どれもそれほどのことではないが、ほとんどすべてが備わっているようなら、やはり慎重に見守る必要があるだろう。見過ごすと、小学校に入ってから、不適応行動が次第に顕在化することになりかねない。

3) 性格と環境

近年、日本では、血液型性格学が大流行である。この説は、東京女高師の心理学の教授だった古川竹二の創案による日本発の性格学説であり、その点でもユニークなものだ（Q&A 6 参照）。血液型の発見は当時画期的なものだったから、血液型性格学という発想そのものは自然なことだった。幸か不幸か、その後の実証的研究は、血液型と性格との間に明確な対応を見出すことはできなかった。言わば、この説は、ホームラン性の大ファウルを打ち上げる域で終わったと言ってよい。

ところが、奇妙なことに、1980年代くらいから血液型による性格判定は少しずつ的中度が高まりつつある。その理由は、これだけ血液型性格説が普及し、皆が信じるようになると、自分も周りも血液型がこうだから性格はこうだと信じ込む人が増えていくことにある。このような現象は、予言を真に受けて結果的にその方向に走るということだから、よく自己実現的予言などと言われる。むろん、これで血液型性格学が極めて高い的中率を獲得していくことは起こりそうもないが、しかし、性格のうちある部分は、社会的な期待や束縛によって作られたものであろうことを推測さ

せる。皮肉なことに，類型学の主張に対抗して，性格は環境条件に依存し形成される側面を持つことが示されたといってよい。

性格の形成に当たって，初期発達の期間に対人的環境条件は，時に宿命的と見えるほどの極めて大きい影響を与えることを主張したのは，S. フロイトによる精神分析学である。よく知られている通り，精神分析学では，初期発達（幼児性欲期）に3つの段階を区別する。出生から1歳過ぎまでの口唇期，その後3歳くらいまでの肛門期，その後5歳くらいまでのエディプス（前性器）期である。

これらの各期は，例えば，口唇期は，口唇部位の刺激や活動によって快感を感じるという欲求充足のための特定の部位や様式により特徴づけられる。この欲求充足に障害を生じると（欲求不満，フラストレーション），発達はその段階で停滞し（固着），後年さまざまな困難，とりわけ似たような欲求不満状況に出会うとすぐに固着した段階の幼稚な行動様式に戻ってしまい（退行），始終ガムを噛む癖とか，突然攻撃的になるなどの問題行動が生まれ，また事態の正しい解釈が損なわれるなどの思考の停滞が起こる。

この点で最も大きな問題となるのは，エディプス期の欲求不満だと，フロイトは説く。この時期は，命名の由来からうかがえるように，幼児は異性の親に強い性的愛着を抱き，同性の親をライバルとして敵視するようになる（フロイトは，男児についてのみ，この感情を強調しているため，男性中心，女性蔑視思想の批判を受けることがある）。幼児は，敵視感情を同性の親に知られはしないかと悩む。ひとつには，処罰を受ける可能性，もうひとつは今まで築いてきた愛着関係が損なわれる可能性，この両者の持つ背反関係にさいなまれるためである（エディプス葛藤）。幼児は，対人関係における最初の，しかも深刻な葛藤を経験する。

エディプス欲求は，幼い性的好奇心として発現する。もし，親

がこれに対して厳しく欲求の禁止や処罰を行うなら、エディプス欲求は抑圧され無意識化されることになる（エディプス・コンプレックス）。エディプス・コンプレックスは、後の神経症の根を用意するものであり、その意味で、エディプス期は幼児性欲期のクライマックスと呼ばれる。現代風に言えば、性格発達、と言うよりは人間形成の上での臨界期または敏感期をなす。

　もし両親の態度が寛容であり、厳しいとがめ立てがなければ、幼児はやがて同性の親を憎み異性の親に愛着するという葛藤の救い難さを悟るようになり、むしろ同性の親の影響を進んで受け入れるようになる（同一視）。こうして、それぞれの性別役割を学習する通常の発達路線に入る。エディプス期以降は、性的欲求は一見影を潜め（潜在期）、やがて青年期に入って、再び発現する。エディプス期までに固着のような悪条件がなければ、順調な社会化と性格形成が行われる。このように説かれる。

　フロイト説は、性格形成における幼児期の意義と環境要因の役割をことさら高く評価している。ただ、その中でも、上に述べたようにエディプス期のそれは特に高いとされている。しかし、この考えは、はじめに述べたように、乳児の精神状態は混沌としたものと想定されていた約100年前の観念を踏まえたものにすぎないとも言えるだろう。精神分析学の現代の後継者のひとつである対象関係論学派も、すでに触れた養育放棄の事例などを参照して、むしろ最初期からの養育者＝子ども関係の重要さを強調する方向に変わりつつある。エディプス期がすべての鍵を握るという発想には、改訂の必要があろう。

　フロイト説には、ほかにも多くの批判や疑問があるが、それが神経症、とりわけヒステリーの理解と治療とに最初の画期的な業績を打ち立てたことを疑う人はいないだろう。

　ヒステリーとは、知覚および運動麻痺を主症状とし、時に意識

喪失を引き起こす激烈な神経症であり、かつては女性特有と信じられていた。フロイトの活躍した19世紀には、ヒステリーは容易ならぬ難病であり、多くの神経病理学者や臨床医の最大ターゲットのひとつだった。だからこそ、フロイトもその解明に挑戦したとも言える。しかし、奇妙なことに、20世紀に入ると、劇症タイプのヒステリーは、急激に影を潜めていった。今では、この病名の存続すら危うい有様である。精神的症状は、時代環境によって様相を変えるものと考えられる1例であり、代わって、より目立たないが、社会的にはより問題をはらむ現象が現れてきたようにも思える。

第2次世界大戦の最大の悲劇は、アウシュヴィッツという名前に象徴されるナチスドイツによるユダヤ人の大量虐殺だった。ヨーロッパ全土のユダヤ人900万人のうち約600万人が犠牲になるという人類史上かつてないおぞましい事件だったと言える。

よく誤解されているように、しかし、虐殺は必ずしもナチスドイツだけのことではなかった。反ユダヤという人種偏見はヨーロッパでは歴史的に根深いもので——シェークスピアの『ヴェニスの商人』を考えるとよい——、悲劇はむしろ古くからの人種偏見と差別にナチスドイツが新しく火をつけたために、このように拡大したのだと言ってもよい。

戦後、人種偏見や差別こそ、平和と民主主義への最大の脅威として、ユダヤ系の亡命社会科学者を中心にして、その科学的研究が行われるようになったのは、必然の勢いだった。なかでも、記念碑的業績と言えるのは、T. W. アドルノらによる「権威主義的人格」の研究であろう。

アドルノらの研究結果は、大きく3つに要約できる。ひとつは、外国人に対して偏見を抱く人は、自国人であっても、異質と考える人や少数者（マイノリティ）に対しても偏見を持つという

ことである。ユダヤ人嫌いは,同じく黒人や日本人嫌いであるばかりでなく,女性・同性愛者・ヒッピーなどに対しても嫌悪と差別の感情を持っている。

 第2は,偏見者はそうした行為を正当化するような態度や考え方(自集団中心主義)を持っているということである。ひと口に言って,自分の属する仲間内(内集団)とそれ以外の人(外集団)とを厳しく区別し,内集団はすべての面,特に道徳的に外集団より優れている。したがって,内集団が権力と指導性を持ち,外集団は,これに服従しなければならない,と主張される。

 確かに,戦場で引き金を引く時,相手を同じ仲間だと思っていては引けない,という話はよく聞く。第2次世界大戦が終わって半世紀以上がたつのに,世界にはなおミニ戦争が続発し,終結の影も見えない。フロイトは,人間は攻撃性という本能を持ち,だから戦争がなくなることはないという悲観論を唱えて,平和確立を信じるアインシュタインと対立したのは,第1次大戦後の有名なエピソードだが,その後の情勢は,フロイトの予言の方が正しいことを示唆しているようである。

 この問題の解決には,人類の未来がかかると言ってもよいのだが,アドルノらの結論の第3は,偏見者の性格形成の問題を扱っている。ここでの論議と関連が深いだけではなく,国際化時代を迎えて,外国人の幼児・児童も幼稚園や保育所入園が増える情勢とも関連している。その勢いは今後も増しこそすれ,減速することはあるまい。さしあたって,人種偏見や差別の解明は,そうした子どもたちを適切に受け入れるには,という課題ともかかわりを持つのを忘れてはならない。

 アドルノらは,偏見の特に高い人と低い人を選び,それぞれに綿密な面接調査を行った。結論をひと口にまとめると,偏見者とは,強いエディプス・コンプレックスを持つ人ということにな

る。男性に例を取るなら，偏見者は厳しい父親の強制と処罰の不安のもとに育ち，父親に対して，強い尊敬と同時に深い敵意という矛盾した（アンビバレントな）感情を抱くようになる。これは，すでに述べたエディプス感情の特色である。この矛盾は解消できないため抑圧を招き，無意識化されてエディプス・コンプレックスの主成分となる。

　何かのきっかけでこの葛藤が再現されると，大きな負担になるのは明らかだが，ここで巧妙な防衛機制が発動される。つまり，父親や権威者一般，あるいは慣習や伝統などの社会的権威に対しては，強い尊敬，愛着などの感情をそのまま保持し，反面の憎悪や恐怖などは別の対象に向け変える方策である。

　こうして，権威に対する服従は確保され，反面の攻撃性は，脅威を与えるほどの力は持たないが目障りな弱者，つまり少数者に向け変えられると言うのである。偏見や差別とは，転位性の攻撃にほかならず，それゆえ極めて不合理なものであるが，その根拠を当の本人が自覚し得ないところに大きな問題が潜んでいる。現代では，ヒステリーその他のかつての精神障害は，こうした別の症状——権威主義的人格に転化しているのかも知れない。

　偏見の根拠を個人の内側にだけ求めるのは，むろん行き過ぎであろう。アメリカでは，例えば，地域によって異人種排斥に大きな差があるのはよく知られている。しかし，アドルノらの分析が正しければ，寛容で理解力に富む性格を育てるよう努力することは，社会的にも大きな貢献となることは，忘れてはなるまい。

第 4 章

発達と問題行動

I　はじめに

　子どもは発達の過程にあり，一人の子どもであっても，乳児期と幼児期あるいは学童期と，その発達は大きく異なっている。また乳児期をみると乳児の示す行動に基本的な共通点はあっても，ミルクの飲み方，泣き方，睡眠もそれぞれに異なり，どの行動が正常であり，どの行動を問題とするかの診断，評価は決して容易ではない。

　子どもの問題は，年齢が低いほど，発達が未分化であるだけにその個人差も大きく，時には専門家であっても問題のあるサインを見落としてしまう場合もある。一方，正常な個人差の範疇にある食欲，睡眠，泣き方を問題と受け止めて育児不安に陥る母親も少なくない。

　子どもの問題は，年齢が低いほど単純でわかりやすいと考えられがちだが，実は子どもの行動が未分化であるだけに研究も難しく，乳幼児期の臨床に基づいた発達心理学の研究が少ないため，ますます問題がわかりにくくなっている。

また低年齢では身体的な問題が精神・心理発達に影響を与え、心身症を生じやすい。ただ言語表出が十分に統合されていない子どもの場合、心身症を含めた問題行動が一過性にすぎないことは一般に広く知られている。

発達が統合された大人と異なって、発達過程を十分に理解していなければ、子どもの行動の問題性は理解しにくい。そして心身の発達が未分化な子どもは、不適応を生じた時に問題行動を起こす傾向があり、その問題も子どもの生物学的な特性（性差など）により異なってくる。これらの要因を前提に子どもの問題行動を考えてみたい。

II 問題行動の概念

子どもは発達が統合される過程にあり、心身の発達が未熟であり、問題とされる行動がすべて異常とはいい難い。発達の個人差の範疇に入る一過性のものも問題行動の中に含まれている。

したがって「問題行動」には、①問題とされる行動と、②問題性を持つ行動との2つの意味がある。

1）問題とされる行動

問題とされる行動とは、親、保育者、教師に問題とされる行動のことであり、主訴となっている行動に必ずしも問題性があるものではない場合である。

親は育児に当たり困る行動を問題とする傾向がある。乳児期では母乳やミルクの飲み方が悪い、眠りが浅い、泣くなどである。1歳を過ぎるとことばが問題となり、歩行とともに落ち着きのなさが母親の気になる問題となる。発達が進み、集団生活に入ると

排泄をはじめとする子どもの自立が気になる問題となる。具体的な行動を挙げると，排泄では夜尿，昼間遺尿，頻尿，遺糞，食事では偏食，食欲不振，過食などである。また幼児期になると，睡眠では夜驚症なども出現する（p.119 参照）。これは心理的な原因が誘因になる場合も多い。幼児期になって集団生活に入ると，分離不安，性格に関連する問題，不適応により生じる問題，集団の中で目立つ行動，落ち着きのなさ，集中力の欠如，消極性，意欲低下，友人関係などが問題とされるようになる。

このように親が問題として訴える行動は，発達，習癖，心身症，社会適応の問題まで多岐にわたっている。

同様に保育者，教師はADHD（注意欠陥／多動性障害），反抗，攻撃性，意欲低下，友人関係の問題，自慰，登校拒否／不登校などを問題とし，集団生活を導く上で保育者，教師が困る問題として取り上げることが多い。

2）問題性のある行動

それに対して問題性のある行動とは，医師や専門の心理士の診断を要求される領域である。医学領域でも，精神科に対し，小児科は，問題を限定された異常な行動という面のみでなく，健常な発達に連続する発達性の問題として受け止める傾向がみられる。診断にあたってはDSM-Ⅳ（「アメリカ精神医学会 精神疾患の分類と診断の手引き」第4版，1994）が日本に広く定着し，医学領域のみでなく，心理・教育にも使われるようになってきている。

心理の領域も子どもに接する場（病院，相談センター，教育センター）によって対応に差がある。発達臨床に関連する領域では発達の個人差を前提とするので，明らかな異常から外れるものは発達性の問題として評価し，経過観察を前提としている。

このように問題行動とはあいまいな概念である。定義によって

は，明らかな障害上の行動ではなく発達性の，あるいは境界領域の行動にも，問題性を持つものがある。前述のように健常児の発達の個人差にも親は悩む。まずは発達の個人差と，親，保育者が問題とする行動と問題性のある行動について考えてみたい。

III 発達の個人差と問題性のある行動

親，保育者が訴える症状が子どもにとって問題性のある行動であるか否かは，その時点で対応が必要なものなのか，あるいは発達の段階として一過性の行動なのかということであるが，その診断評価が難しい場合が少なくない。子どもは成人と異なり，その年齢やまた個人の身体的特性によっても個別に考えなければならないからである。

1) 発達の順序の共通性

身体発達の順序を粗大運動の発達にみると，まず首がすわり，腰が安定し，座る姿勢が保持される。次に立つことができて初めて支えなしで一歩を踏み出せる。このように，出生時は身体のコントロールができなかった乳児も1年の間に急速に運動能力を発達させていく。歩行が可能になる過程は，どの乳児にとっても共通である。首のすわらない乳児はひとりで座ることは不可能であるし，座って姿勢をコントロールできない段階では立つ姿勢を維持することはできない。また立つ姿勢を維持できない段階では，歩けないのは当然である。PT（運動療法士）による運動障害の子どものリハビリテーションの計画はこの発達の順序を前提に組まれている。健常な子どもたちは，この順序を自己の発達に対応して学習し，運動能力を獲得していく。

また出生時 3kg 前後の体重は約 3 か月で 2 倍，1 年で 3 倍にもなる。健常な乳児の体重変化のカーブは，新生児期の一時的な体重減少を除くと常に増加の方向を示している。これは，親にも保育者にも常識であり，厚生労働省発行の母子手帳にも記載されていて，子どもの発達を標準値にあわせて理解できるように作られている。

2) 発達の個人差

　乳児期から幼児期への時期にかけての発達の個人差を経験する領域に運動発達と「ことば」の発達がある。

(1) 歩行の発達

　乳児の運動発達の順序は上から下へといわれるように，首がすわり歩き出す過程はどの乳児も同じであるが，同じ行動でありながら個人差の幅が広いのは，歩きはじめの時期である。健常児であっても 10 か月から 1 歳 3 か月，時には 9 か月から 1 歳 6 か月近くまで開きがみられる。

　だが，始歩の時期は親が正確に記憶している客観的事実であり，子どもの発達に関連する項目の中で最も信頼性が高い親からの情報である。また多くの親は母子手帳に記載している。始歩の時期の早い遅いが発達の個人差の範囲内か，それとも問題とすべきかは，他の発達と併せて評価する。

(2)「ことば」の発達

　この始歩の時期と同様に，発達を知る大切な手がかりとして「ことば」の発達がある。しかし，ことばの発達は，始歩のように客観的な評価が困難である。そしてことばの表出についての親，保育者の定義があいまいであり，生育歴の中では大切な項目

であっても，発語の時期は，時には信頼性の低い項目である。

　人はことばを用いるべく遺伝子に組み込まれて出生すると考えられているが，ことばの表出に至る過程は個人の身体的特性と環境的特性の相互作用によって同一ではない。

　「ことばの表出」こそ乳児期から幼児期に至る間で発達の個人差が大きい項目であるといえよう。

　ことばの表出は1歳で約2語といわれてきたが，意味のある言語をことばとして表出する時期は，健常児では約10か月から1歳6か月と個人差は大きく，男子と女子とでも表出の時期に差があり，女子が早い傾向がある。またことばの早い，おそいは家族性に関連がみられることが報告されている。

　話しことばが表出されるまでにはインプット，概念化，アウトプットの過程があり，この過程を経てことばは表出される。日本人は日本語を，イギリス人，アメリカ人は英語を話すが，アメリカ人の養父母に育てられれば日本人や中国人の子どもであっても生物学的にはアメリカ人，ヨーロッパ人と同じであるから，英語を話すようになる。学習することばの刺激が異なると表出されることばは異なってくるものといえる。しかしことばの表出に至る発達過程は異なるものではない。

　出生して1か月も過ぎると，幼児にことばを表出する準備として喃語（cooing）が始まる。これは人種に差がなくみられる行動である。どの乳児も，乳児は非言語性の経験を重ね，人との関係を通して意味のある状況の中で意味のある音声を学習し，ことばを理解する（内言語段階）。まず，ことばとしての音声の表出は正確でなくとも，ジェスチャー，指さしでことばに対してコミュニケーションができるようになる。最初に覚えることばは主として最も関係のある人を意味することば，あるいは母乳，ミルクを意味することばであるのが一般的である。この傾向は他の言語に

も通じる。

　ただ，状況の理解，対人認知の発達が整っていても，ことばの表出には音素の分析，聴覚性記憶，構音（発音）のスキルなどの聴覚認知の発達が関係する。したがってことばの表出は，非言語性の経験と，聴覚性のことばとしての音声の学習能力との双方が必要とされ，また言語発達の過程で生理学的な発達に見合った適切な学習が求められる領域であり，それだけに発達の個人差が大きいのである。吃音，構音障害，理解と表出のアンバランス（ことばの遅れ）には性差もあり，これらの障害の出現頻度は男子が高く，女子は低い。

3）発達の個人差に関連する問題行動の評価・診断

　年齢による行動の標準値はあっても，低年齢ほど発達の個人差は大きく，親，保育者が遅れていると心配する行動が果たして問題であるかどうかを評価・診断するのは難しい場合がある。乳幼児期に最も気がかりになる行動の問題は前述のように歩行とことばの遅れであるが，明らかな障害でない限り親の主訴だけでは診断・評価ができない場合が少なくない。

　例えば，1歳3か月の子どもが，ことばの発達が同年の子どもより遅れているという主訴で来所した時に，歩行に至る運動発達はどの段階まで準備が整っているか。ことばの遅れの問題は，インプットの段階での異常，内言語の発達，ことばの理解のレベル，環境条件を把握しなければ，ことばの表出が遅れていても問題があるか否かは評価・診断できない。もし1歳6か月でことばの表出に遅れがみられても，ことばの表出以外の発達が満たされていれば健常児の範疇であろう。言語刺激が十分でなかったり，例えば，親が子どもの要求を理解して用意してしまう環境にいて，ことばを用いる必要がなければ，健常児であってもことばの

遅れる子どもは存在する。

　親，保護者が問題として心配する行動の中には健常児の発達の個人差の範疇に入るものが多い。健常児に接する機会の多い小児科医，育児支援の専門家，保育者は，おくての発達をしている男の子どもの親から相談されることが少なくない。

　世界で最も乳児の死亡率が低下した日本は，親の育児不安を大きくしている傾向があり，情報社会の中で子育てをする母親にとって，子どもの発達の指針は標準値を上回ることであり，特におくての子どもを持つ親たちを不安定にする。

　かつて，子どもの栄養が大きな問題であり，体重の増加が健康の指針であった時代は，親の目標は体重が標準範囲に入ることであり，できればその上限に達することであった。現在この考え方は否定され，肥満が乳幼児期からの健康問題となっている。乳幼児の摂食障害は，食事をとらないとか偏食などから変化し，肥満の原因となる過食がクローズアップされてきた。

　問題行動を定義するには，問題行動といわれる行動も時代により，環境の中で変化していることを条件に入れて考える必要があり，情報の渦の中にいる親の主訴を慎重に受け止める必要がある。

4）異常行動

　異常行動と問題行動の関連はどのように考えたらよいのであろうか。問題行動は正常なのか，異常の範疇に入るものなのか。少なくとも，異常行動は安易に診断し，評価されるものではない。ここでは異常行動を問題行動との関連で述べることとする。

　問題行動の多くは発達に伴って解決される。例えば3～5か月の乳児に多くみられる指しゃぶりは，かつては問題として論じられたこともあった。しかし，胎児の指しゃぶりが超音波で観察さ

れること，低出生体重児に指しゃぶりが多いことから，指しゃぶりは発達性の問題であるといわれるようになった。事実，指しゃぶりは6〜7か月から減少する。しかし，周囲への関心の欠如，活動性の低下を伴う強度の指しゃぶり，さらに小学校入学後に集団の中に入れず白昼夢を伴う指しゃぶりは異常行動である。発達性の指しゃぶりは，3〜6か月時には30〜60％とその出現頻度は高く，問題とはいい難い。これに対して異常行動としての指しゃぶりの出現率は低い。

同様に構音障害，昼間遺尿，夜尿，分離不安，依存性なども，発達性のものか異常行動としてのそれかで定義は異なってくる。子どもによっては一過性に吃音，瞬目チック，頻尿，ADHDを示すものがあり，その診断評価に際しては心理的誘因の有無，経過の状況，環境の調整による変化などを考慮し，慎重に対応する必要がある。

一過性，発達性の問題行動であっても不適応症状として生じた行動は，その原因が消去されないと，強化学習され，慢性化する。慢性化すると，たとえその後心理的原因が消去されても行動が習慣化され，症状が固定する。また，再発の可能性もあり，異常行動に移行する場合もある。

発達性の問題行動として幼児期に多発するものがある。例えば，遺尿，夜尿，指しゃぶり，構音障害などは，発達的には一過性に多くの子どもにみられる行動でもある。また瞬目チック，つめかみ，頻尿，常同行動でも個人の特性の範囲に入るものもある。

個人特性の範囲に入るものか，異常行動なのかの診断，評価は決して容易ではない。一般に健常児を対象としてその経過をみている小児科では発達性，個人特性の範囲に入れる傾向がある。近年，関心を集めているADHDは，「落ち着きのない子ども」

(hyperactivity),「集中困難」(attention difficulty) の用語で表現されてきたが，DSM-Ⅳの定義が定着するに伴って「親，保護者，教師により扱いにくい子ども」として一般化してきた。ADHDは異常行動か発達性の問題行動か，論議があり，どう定義するかによって異なってくる。

Ⅳ 基本的行動の問題

　医学の進歩により，一世代前の親たちが悩んだ感染症による子どもの病気は予防されるようになり，親の心配は子どもの社会的適応，学習の問題に変わってきている。少子化，仕事を持つ母親の増加により，保育園，幼稚園への入園は低年齢化し，保育園は乳児保育，延長保育を行うようになっている。このような変化の中でも子どもの行動についての最も基本的な悩みは昔も今も変わっていないと考える。ここでは，食事，睡眠，排泄の3つの基本的な問題を取り上げる。

1) 食事

(1) 食事の問題

　人は歩行もできないままに出生し，食事を与えられなければ生存は不可能である。その意味では食の管理は，親をはじめとする養育者にとって最も重要な子育ての支援であるといえる。人類始まって以来，母親が母乳によって子どもを育ててきた歴史は長い。良質のものが安価に入手できるようになって人工栄養による保育が一般化したのは戦後のことであり，歴史もまだ浅い。

　子どもに十分に母乳を与えられない，あるいは高価な人工栄養を十分に調達できなくて栄養が十分でないという不安は，母親・

養育者にとって大きな問題であった。その時代を過ぎて1960～70年代，乳幼児の問題行動として挙げられたのはミルク嫌い，食欲不振であった。そのため健康優良児の乳児，学童が表彰された時代もあった。

① 過食と拒食

現代は飽食の時代となり，栄養失調を心配する親はなくなった。代わりに飽食と運動不足による肥満の問題に変わってきている。子どもの肥満は一方で高血圧，生活習慣病と関連し健康上の問題として取り上げられ，一方で過食が欲求不満による問題行動として育児支援の課題となってきている。

食事に対する養育者の関心は，食生活が貧困であった時の方が高かった。親は強制してでも，基準量を食べさせなければと悩み，そのため子どもが食物の強制を拒否し，ミルク嫌いや食事拒否を発症させたが，現代は子どもの好みで食べさせる食生活となった。栄養を管理しなければという親による強制がみられなくなると，放任の結果，過食や肥満が生じることになった。

思春期の摂食障害としての拒食，過食はここでは取り上げないが，思春期の摂食障害は低年齢化の傾向があり，小学校高学年からの発症がみられる。拒食は食生活が貧困で栄養失調が問題であった時代には特殊な障害であり，精神科が扱う疾患であったが，今日では低年齢化し，大学生から中学生までの女子の一般的な問題となってきている。その中には学童期や思春期まで肥満傾向のあった人たちが少なくないことも報告されている。しかし幼児期・学童期の拒食で，いわゆる思春期の拒食とは異なり，食べたくても食欲がない，吐くなどの症状とともに体重減少がある場合には何らかの疾患による症状の可能性もあるので医学的な検査が必要である。

② 異食

　異常な食行動として異食が挙げられる。発達過程で乳幼児は口の中に食物以外のものを入れてその感触を楽しむ行動をすることがあるが，異食は感触を楽しまずに飲み込んでしまうことである。これは自閉症や重度の知的障害，被虐待児にみられる行動で，食べるものは繊維，クレヨン，はがれたペンキ，チョークなどである。

(2) ミルク以外の食物を拒否した幼児

　食生活は，発達過程にある子どもにとって養育者が最も配慮しなければならない育児支援の柱である。乳児期，幼児期に基本的な食生活の基礎ができていることは，身体的にも心理的にも必要であり，健全な心身の発達の基礎でもある。

　子どもにとって食生活は生命維持のための基本的な行動であるとともに，人との関係で行われる社会的行動のはじまりでもある。また食べることは本来楽しみでもあり，情緒の安定を与えるものであるはずである。以下では，摂食障害を患った幼児の例から，このことを見てみよう。

【症例：4歳，男子，ミルク以外の食物を拒否・他の子と行動できない】

　離乳食は身体発達を促進させるために欠かせない食生活の前段階である。この時期にミルク以外の食物をいやがる育てにくい乳児はいるが，すでに幼児期に入りミルク以外の食物をまったく摂取しないということであれば，障害が疑われる。栄養学的にも，ミルクのみでは発達段階で必要とされる栄養を補給できないと小児栄養学では考えられている。

　病院の小児科に来院したこの幼児は，2年保育入園直前であり，養護施設で育っていた。

養護施設では、当初幼稚園は3年保育を予定していたが、ミルクのみしか食物を摂取しないこと、同年の子どもたちに比較すると意欲と活動性の低下がみられることから、2年保育に切り替えて1年間の発達を待った。しかし、その後の変化がみられずひとり遊びが多く食事も摂取しないままに2年保育の時期が近づいたので、入園前の1月に入院検査を希望して来院した。

当時、本児はミルクを与えていれば安定し、日常生活に問題がない穏やかな子どもとみられていた。

ほかの発達面では、同年の子どもに比較して運動能力は劣り、動きが少なかった。始歩は1歳3か月であった。ことばは理解し、周囲の状況は日常生活の中では理解していると、養護施設側は観察している。排泄は自立しているが、ミルク以外の食べ物を与えると下痢が続いた。入院までに何回か離乳を試みているが、下痢のために結果としてミルクしか与えられなかったという。健康診断では特定の食物アレルギーともいい難く、摂食障害の原因は不明であった。ミルクを飲んでいると心身ともに安定していた。

本児は正常出産であったが、母親が本児を育てられない事情があり、乳児院に入所している。乳児期にはミルクをよく飲み、常に哺乳ビンを口にもっていきたがり、哺乳ビンを放すのをいやがった。哺乳ビンを与えていれば安定し、おとなしく手がかからなかったとのことである。

乳児院では他の乳児とともに離乳を進めるために、果汁、スープなどを飲ませようとしたが、この段階からミルク以外は拒否し、他の乳児のように離乳食へ移行できなかった。無理をすると下痢を起こすため、離乳食は中止となり、ミルクが与えられていた。

2歳の時に乳児院から養護施設に変わっている。養護施設でも

下痢のためにミルクに戻るということを繰り返し，無理をすると下痢がひどくなり，脱水症状を起こし体力も落ちて同年の他児に比べ運動能力，活動性，意欲の低下が顕著となった。

入院と同時に心理担当は，本児の指導員を1人の担当者に決め，できるだけ時間をとって本児と行動するように配慮した。3交替制の看護制度の中での特別な配慮であり，病院側も心理の担当を決め，まず断乳を行った。パニックがあったり，下痢が続いたりしたが，断乳は成功し，他の食物に関心を持ち，短期間に固形物を口にするようになった。この間に配慮したのは，食べる時間に担当者が介助し，時間をかけて味覚を広げ，食物の種類を増やす努力であった。

4月の入園までと時間は限定されていたが，本児の食行動は変化した。ミルクに対する執着はあったが，食事やおやつのあとに必ずミルクを与えることで納得させ，一般食を進めていった。入院中に，施設での生活を前提に担当指導員との時間をできるだけもつように指導した。その後，幼稚園側の協力と養護施設の担当者の愛情と努力，周囲の支援により本児の幼稚園への適応はよく，心配した不登園はみられなかった。夏休みに入る頃には体力もつき運動量も多くなり，それまで寡動で意欲も低かった入園前とは行動が大きく変化していった。

本児は対人認知の発達には問題はなかったが，人に対してよりオモチャなどに関心を示し，これまではひとり遊びが多かった。それが，離乳を進めていく間に，本児は，担当者に甘えるようになり，表情も行動も変化し，緘黙であったのが，よく話をするようになった。一時的に身体接触を求めるなどの退嬰行動もみられた。

入園後は，経験が広がるにしたがって，他の子どもへの関心も高くなり，ビネー検査では年齢相応の範疇に入っていた。はじめ

は軽度の知的障害を想定し，退院時に知的境界領域（p. 176 参照）と診断していた我々にとっても，これは貴重な経験であった。

それ以後も本児は小学校入学・卒業，中学から高校へと順調に進み，自動車企業に就職して，当時担当であった指導員に会いに来院した時には，社会人として立派に成長していた。

この症例についての分析，解釈はそれぞれの立場によって異なるが，出生と同時に始まる食行動の乳児に与える心理・精神的影響の重要性を認識させられる。初めての経験（この場合は食物）を受け入れるための準備の支援がどんなに大切か，なかでも食生活の自立が未熟な乳児期は，人によって支援されて初めて固形食へと移行する過程であるため，栄養と同時に十分な人による援助がとりわけ大切であるということがいえよう。

また，乳児期に大きな心的障害を持った子どもであっても，養育担当者や周囲の支援によって変化するという事実は，支援の大切さを痛感させるものである。

2）睡眠

(1) 睡眠の問題

睡眠と覚醒は自然のリズムであり，出生と同時に始まって，個人の生物学的な発達と環境要因により習慣化していく。ヒトの歴史の中で，自然にしたがって睡眠は日没から太陽が昇るまで，働くのは太陽が沈むまでとしていた時代は，子どもの睡眠に関する訴えは少なかったと考えられる。

近代化した生活は，急速に人の生活を変化させている。夜は明るくなり，夜の生活は昼間の生活の延長となってきた。その中で生活する我々にとって睡眠の悩みは，近年増加の傾向にある心身症にもつながる問題になってきている。子どもも，睡眠と覚醒の

リズムを人工的に整えていかなければならなくなってきている。

　また，少子化は子どもの発達リズムを無視して大人の生活リズムを子どもに強制する結果となる場合が多い。同胞がいると子どもの生活リズムにあわせた生活の設定が可能になるが，一人っ子は保育園，幼稚園の集団生活に入るまでは，親の生活にあわせた時間で起床，就寝するため夜型になる子どもが多くなってきている。睡眠の問題は家族の他の構成員にもみられる傾向もあり，習慣化する要因が重複するといえる。

　親が乳児期の子どもについて訴える睡眠の問題は，寝つきが悪い，睡眠が浅い，昼夜の転倒，夜泣きなどであり，それらは育てにくい子どもの条件でもある。また抱きぐせといわれる抱いていないと眠らない，眠ったと思って寝かせると目覚めてしまうなども睡眠の問題である。その際眠らずにおとなしく起きているのではなく，大声で泣き続けるなどの行動を伴い，養育者，主として母親を悩ませる。

　特に3か月までは頻繁に乳を与える時期であり，産後の回復が十分ではなかったり，年の近い子どもを持っている母親にとって，乳児が夜泣きをして眠らない状態は大変疲れるものである。マタニティブルーと表現される母親の鬱状態には，よく眠らなかったり，夜泣きをしたりミルクを飲まない子どもの育児が背景にある例が少なくない。

　睡眠の問題として注意を必要とするのは昼夜の逆転である。睡眠と覚醒のリズムは月齢とともに調整される傾向があるが，昼夜逆転が幼児期前半まで続く例もあり，広汎性発達障害のひとつの兆候でもある。

(2) 夜驚症

　不適応行動としては，夜驚症が挙げられる。夜驚症は発達に依

存する行動であり，4～10歳頃までにみられるもので，症状は睡眠中，突然起き上がり，恐怖におびえ，叫んだり泣いたりして家の中を駆け回るというものである。就寝後1～2時間後に発症する例が多く，部分的覚醒状態となる覚醒障害である。次の日，子どもはその行動についてまったく記憶していない。原因として交通事故，火事の経験，強い叱責，いじめなどがある。最も早く発症した例として3歳児の例がある。予期しないショックは子どもに強い心理的不安を与える。例えば，夜，母親が子どもをおぶって父親を迎えに行った際，父親がふざけて子どもを暗い角で驚かした。その次の夜に夜驚症が初発している。

夜驚症の症状は奇異であり，激しい行動であるが，一般に予後はよい傾向にある。しかし，なかには環境の変化による緊張や不安によって再発を繰り返す例もあるので，心理的ショックへの配慮，睡眠への導入を安定させることなどが必要である。慢性化したり，頻発する場合には小児神経科の受診が必要である。

3）排泄

排泄は，食行動，睡眠と同様に個人差のある行動であり，男子と女子でも性差がみられる。問題行動の率は男子の方が高い

近年，紙おむつが普及し，排泄の自立には個人差があるという知識が一般化したため，厳しいトイレット・トレーニングによる情緒障害などの二次的な問題が少なくなってきている。親，保育者が排泄の自立の訓練に厳しかった背景には布おむつの処理の悩みがあった。使い捨てのおむつの普及は育児への大きな支援であり，親の負担を軽減したと同時に排泄の自立への関心も低くなってきた。

排泄の自立は養育者の役割といわれた時代もあったが，生物学的発達による排泄のコントロール能力が前提にあって成り立つも

のであり，自立の習慣化を促す対応が必要となるのはそれ以降である。これを無視した厳しい訓練は，二次的な情緒の問題を発症させる原因になることも明らかにされてきている。

(1) 排泄の問題

「排泄の自立」とは，大便，昼間の排尿，夜の排尿が自立していることをいう。この発達には個人差があるが，排尿の昼，夜が自立しているのに大便を常に失敗するのは「遺糞」といい，問題行動であるし，時には異常行動でもある。同様に夜の自立はできて夜尿の失敗もないのに，昼間の遺尿があるのも問題行動である。夜の排泄が自立し，おむつを用いなくなっていたのに，次子が誕生したり，心理的要因があって再発した夜尿も問題行動であり，退嬰行動である。なかには誘因が消失しても慢性化，習慣化する夜尿もある。排泄に関する問題行動の中でも，夜尿は最も多いものである。

排泄のしつけに関しては，個人差があるだけに，親が期待する「入園までに」「旅行の時までに」という期限は子どもに精神的負担を与えるので控えた方がよい。また最近の傾向として，排泄のコントロールの能力が発達してきても，おむつの機能がよくなって排泄後の不快感が少なくなっているので，そのまま放置している養育者が多くなってきている。排泄の学習は習慣化させる必要があるだけに，生理的発達の時期にあわせて自立するよう練習させるのは育児の基本的な柱でもある。

1歳を過ぎると，大便をする前やしたあとに教えるようになる。はじめは非言語的な行動で便意を表現する。この時期に養育者は気づき，乳幼児用の便器を用いて排泄させるように支援し，排泄後の開放感，満足感を与えるようにしていくことが，排泄支援の上で大切である。フロイトが大便の排泄への対応の重要性を

指摘したように，大便の排泄は養育者と子どもとの共同作業であり，この時に養育者と満足感を共有することは，情緒の安定の上で大切である。

　遺糞は知的障害，自閉症などにみられるのみではなく，知的に正常な子どもにも発症する。学童期まで続く子どもや，なかには慢性化，習慣化するものもあるので，配慮が必要である。昼間遺尿，夜尿がなくて遺糞のみ見られる場合には，発達的な問題行動とは異なり，何らかの心理的，精神的外傷による場合が多い。

(2) 遺糞の症例
【症例：5歳，男子，大便のみ失敗する】
　遺糞を訴えて来院した5歳の男子は，父，母，本人，妹（1歳）の4人家族。正常出産，生下時体重3,150g，3か月まで，混合栄養，4か月より人工栄養。運動発達は順調であり，1歳前に歩行。生育歴には特別の問題はない。
　言語発達はことばの理解はよかったが，表出はおそく心配したが，1歳5か月で単語が出て，2歳の時には文章文を話している。
　母親は教育熱心であり，1歳になると早期教育の塾に通うようになった。特に英語教育に力を入れ，喃語が出てきた時期から英語で話しかけ，英語のカセットテープをかけて英語になれるようにしてきた。VTRに関心を持つようになると英語教育用のVTRを見せて教育を始めている。
　しつけも厳しく，早くからトイレット・トレーニングを始め，朝食後は時間を決めて便器を使わせるようにしたが，便器を嫌うようになってきた。排尿は比較的早く自立したが，大便は便器，トイレを嫌い，母親の見ていない間にパンツにしていた。幼稚園では排便することはなく，家で部屋の決まった場所に排泄していた。便秘傾向があり，3日に1度から4～5日に1度くらいの排

便だった。しつけに厳しいきれい好きな母親は大便をトイレでできないことにこだわり、便秘と遺糞が主訴で小児科に来院している。

本児は家庭では母親と英語で会話をしていたが、幼稚園では日本語を用いるために特に先生や友達の親と話すのをいやがり、ことば数が少なくなった。年長になって塾の課題が多くなると、塾に通うのをいやがり緘黙が見られるようになってきた。幼稚園の友人とは話しても塾では会話を拒否し母親を困らせ、便秘と遺便はひどくなってきた。

母親は妹出産後、妹を偏愛した。父親も排泄の自立ができない本児に厳しく、妹をかわいがっていた。その後妹を通じての母親の友人関係が広がり、母親は本児への英語教育をあきらめるようになってきた。さらに妹の発達に伴って家の中に日本語の会話が定着するようになってくると、母親と本児の会話も日本語が多くなってきた。

現在、小学校 2 年生の本児は入学時は緊張も強く、遺糞もあったが、現在はトイレをいやがらなくなっている。妹の誕生は母親の子どもへの関心を高め、子育ての楽しみを学ぶ機会であったと考える。母親からの聞き取りによると、本児は母親にとって第 1 子であり、姑との関係もあり、理想のタイプに育てたいという希望があったという。地方から出てきて友人も少なかった母親は、社宅で子どもの英語教育が流行すると、それを本児に期待したようである。母親は、第 2 子を得て初めて余裕をもって子どもの発達にあわせる喜びを知り、本児に寛大になって表情も明るくなり、本児と変化した自分自身を受け止めることができるようになった。その後本児の遺糞は消失している。

V 不適応行動

低年齢の子どもほど,不適応行動を起こしやすい。ことばでの表現,体での表出が十分に統合されていないため,欲求不満を行動で表現するからである。

1) 不登園・不登校

登園しぶり,不登校は広く知られている不適応行動であるが,幼児期,低学年では,心身症から始まる登園しぶり,不登校が多い。

心身症は年齢により多岐な症状にわたり,幼児期では昼間遺尿,夜尿,腹痛,下痢,吐く,どもる,チック,夜驚症などが見られる。

不登校といわれるかつての登校拒否も,心身症で始まるのが一般的であった。当時は登校拒否に対する学校側の対応は厳しく,親も登校を強制していた。したがって不適応行動はアレルギーの体質の子どもではぜんそくの発作,また熱,吐く,腹痛,過呼吸,自律神経症状など体質に関連したものが多く症状も多様であった。その後登校拒否の心身症に教育的配慮がされ,長期欠席も受け入れられるようになり,現在は義務教育の課程では留年はない。

文部科学省は,登校拒否は心身症的傾向であっても病気ではなく,誰にでも生ずる教育上の問題であると定義し,「不登校」の用語でよばれるようになった。それからは心身症も軽度になったが,慢性化する不登校が多くなっている。

不適応行動といわれる症状は乳児期から思春期まで広範囲にみられ,原因,症状により基本的な行動として問題性のある行動

や，心身症から一過性の発達性の行動まで，多彩な行動が問題行動といわれている。

2）親，保育士・教師が子どもに求めるもの

これらの行動を誰が問題とするかは，子どもの行動の問題性を考える場合に配慮しなければならない点である。子どもと生活し，子どもの状態を把握しているのは親といえるが，親は客観的に子どもの行動をみることは困難である。親の情報は最も的確であると同時に，時には子どもの受け止め方が異なることを考慮しなければならない。

保育士，教師は集団の中で発達段階をみる経験を重ねているので，彼らからの情報は集団内での行動——対人認知の発達の問題性など——を知る上で大切である。しかし，その情報は保育士，教師の立場から，集団を乱す子どもに対しては厳しい傾向があり，子どもの発達特性よりもしつけの問題と考え，あるいは教科書やマニュアルで評価して問題とする場合もあり，親とは視点が異なる。

(1) 親が子どもの発達に求めるもの

近年の親の子どもに対する要求は，同胞も多くまだ乳幼児の死亡率が高かった50年前とは変化してきている。社会は少子化へ向かい，出生率は2人を割り，一人っ子が増える傾向を示唆している。子どもを持たない夫婦も増加し，結婚は高年齢化傾向にある。

「子どもは授かるもの」という少なくとも2世代前の考え方は変わり，子どもは計画的につくり，計画的に育てるという考え方が定着しようとしている。職業を持つ母親はパートタイムを含めると子育てをしている母親の半分以上になり，この傾向は増加は

しても減少する可能性は低い。

このように母親を動物的な子育てから解放した功績は，第1に人工栄養の進歩である。この裏づけがなかったら母親は現在も子育てにしばられていたであろう。母乳でなくても子育てができるようになったのは日本ではまだ50年，多く見積もっても100年にはなっていない。祖母の代では，人工栄養はまだその精度が低く，何よりも高価なものであったため，母乳による子育てが基本であった。したがって，人類の歴史の中で育児は大きく変化している。その意味では，母親，祖母の時代からみれば，1つの育児革命といえよう。

現在，母親の子どもへの期待は健康に育つことのみではなく，将来の期待や不安に移っている。50年前であっても，子どもが離乳し自立すると，親の要求は次の発達，そして社会的自立であった。が，今では，かつて幼児期，学童期に要求していた基準を乳児に求めるようになってきている。また集団生活の低年齢化も親の子どもに対する要求，期待を強くしている。

そうして，引っ込み思案，意欲の低さ，ことばの発達の遅れ，幼児性，攻撃性，衝動性など性格に関連する行動までも問題行動に入れ，将来，不適応の原因となるのではないかと心配する。

情報の氾濫も育児を混乱させるひとつの原因となっている。最近，子どもを持つ親や，保育所・幼稚園・小学校の保育士・教師の関心がADHDに向き，これが思春期に連続する行動として不安をもたせている。現場では異常性にのみ関心が向き，発達性，一過性の行動としての指導がないため，特に男の子を持つ親の心配の種となり，小児科，児童精神科をはじめとする相談機関の相談内容にADHDの占める割合が急速に高くなってきている。

これらの近年増加傾向にある問題とされる行動は，健常児に連続する行動であるが，かつて出現率が1％以下であった時代から

すれば確実に増加している。疫学的な報告は出ていないが、関心が高くなっているのは事実であり、その背景には社会的・環境的要因がある。

(2) 母親像の変化

少子化になり、便利になった日常生活の中で親は子どもに十分な配慮をできるようになったと同時に、子どもへの過干渉は子どもの発達、性格形成を歪めるようになった。また少子化は親が子育ての中で体得する経験を制限する。3，4人の子どもを育ててきた母親、あるいは多くの子どもたちをみてきた保育士は子どもにみられる一過性の行動に混乱したり、異常な行動を見落とすことは少ないが、高年の母親、一人っ子の親は発達のモデルを身近に経験する機会が少なく、知識を頼りに子育てを行う傾向がある。

発達性の行動、あるいは、一過性に不適応症状としてみられる問題、子どもの個人特性により生じやすい行動こそ、実は評価診断が難しい。その反面、単純な心因性の頭痛、意欲の低下が進行性の病気の初期症状であることもある。発達に関連する子どもの行動は限定された経験の中での評価は困難であり、関連領域との連携が大切である。また何よりも発達経過をみていく縦断的な対応が必要となってくる。ある行動を障害、異常と見なした時代から、健常にも連続する行動と考えるようになった現代は、健常な子どもたちにとっても大きなプラスの時代である。安易にマニュアルによって評価・診断し、異常行動と考えて不安になり、対症療法的な治療にはしることには注意しなければならない。

養育者が問題とする行動は、養育者の訴えによる場合がほとんどである。問題性を訴える親の子どもへの要求の的確性、観察の信頼性についても検討してみる必要がある。養育者が情緒的に不

安定であれば、子どもの行動に影響が出るのはよくみられることである。

　父親が単身赴任、相談相手がいない、リスクを持っている子ども（低出生体重児、心臓疾患、その他）、母親自身に健康の問題があるなどは育児不安を持つ結果となりやすい。このような親は育児に関連する情報のマイナス面にのみ子どもを当てはめ、健常範囲の発達性の問題行動を異常と捉える場合も多く、ドクターショッピングをすることもある。子どもにとっては緊張・不安を与える養育者であり、慢性的な不適応行動の誘因になっている場合も少なくない。

(3) 子どもを取り巻く環境

　近年の子どもを取り巻く環境は、自然の中での生活の減少、刺激過剰、生活リズムの乱れなど、過去の育児には考えられなかった変化が急速に起きている。これは養育者である親にとっても同様であり、親子ともにモデルのない未来に向かって育児をしているのが現状である。それだけに、かつての医学モデル、心理学モデル、教育モデルでは当てはまらなくなっている。

　ただし、不登校や非社会的行動などの中で異常行動は、現在と50年前、あるいは3代、4代前であっても本質的には変化はないと考える。不適応行動は社会の変遷に伴ってその社会的背景に反応し、症状は多彩に拡大していく可能性がある。したがって、基本的な行動の発達と異常、発達の歪みを発達心理学の臨床にたずさわる人は理解しなければならない。

3）くせと問題行動

(1) 乳幼児の行動

　体の一部をいじる、さわる、動かす、しゃぶる（例えば乳児で

は指しゃぶり，タオル・衣類を吸う，髪の毛・鼻・耳をさわる，緊張すると首を振ったり体を動かす，など）は幼児期に広くみられる症状であり，くせともいわれている（表4-1参照）。子どものくせといわれる行動は必ずしも神経症とはいい難く，発達とともに消失している。

くせは単独でみられる場合も，重複する場合もある。多くは原因もはっきりせず，偶然に始まり，一定の時期，固定してみられる。

しゃぶるくせは低年齢に頻発し，発達に伴って消失するが，高年齢で出現するのは退嬰行動であり，何らかの心理的な原因が見出される例が多い。爪や鉛筆などを嚙むくせは3，4歳頃よりみられるが，むしろ6歳すぎに増加の傾向にある。思春期を過ぎると貧乏ゆすり，指で常同的に物をたたく，指をならす，体をねじるなどがみられる。

これらは成人にもその残遺症状を示す人もあるが，いわゆる個人の特性であり，問題行動ではない。ストレッチ運動が緊張を解消するのと同様に体を動かす，さわることは無意識に行っている緊張の解消の方法であり，社会生活に影響を与えない限り許容されるものであるといえよう。くせを禁止したり矯正するのは無意識でしている行動を意識化し，時には自尊感情を傷つけたり，罪悪感を与えるなど，二次的な情緒の問題をつくる原因になる場合もある。症状が気になるレベルであれば，その原因への対応，環境の調整への配慮がまず求められる。

くせの発症は，アトピー性皮膚炎などのアレルギー体質，病気の予後，身体的・情緒的疲労，乳幼児では眠い時などにもみられる。

(2) 乳幼児の行動の持つ意味

乳児の**指しゃぶり**の多くは発達性である。むしろ乳児期では原

■表4-1 オルソンのくせ分類

口	指しゃぶり，舌なめずり，唇なめ
鼻	鼻ほじり
髪	髪の毛をさわる，なめる，よじる，抜毛
目	目をこする，まばたく
耳	耳をほじる，耳を引っ張る
顔	顔をこする，顔をしかめる
性器	性器いじり
体	体のあちこちを搔く
手	手をねじる，こぶしを握る，指をならす

始的な反射である吸う力が弱く，哺乳力の低下している乳児は指しゃぶりをしない。しかし子どもへの親，保育者による働きかけが少なく，放置されて育つ乳児に執着的な指しゃぶりがみられる例については，早い時期から報告されてきた。一般に乳児は泣くことによって痛みや不安を表現するが，放置されると吸う行動により入眠する。しかし，泣いても放置される状態におかれた乳児は泣くこともしなくなり，指しゃぶりに執着する。そして刺激に対して反応しなくなり，無表情になる。かつては施設や長期入院の乳幼児にみられ，ホスピタリズム（施設病）ともいわれたが，現在は施設や乳児院の乳幼児への配慮がゆきわたるようになり，ホスピタリズムはみられなくなったといえよう。しかし，その逆に家庭児の中にこのような乳幼児がみられる例が報告されている。

　異常な指しゃぶりは執着的であり，吸う指（利き手の親指）はタコができたり，変形したりする場合もある。

　人工栄養児は母乳栄養児に比較すると指しゃぶりは有意に高い。人工栄養児の指しゃぶりの多くは発達性であるが，母乳栄養児に低い点について検討する必要性があると考える。

乳児期は座れるようになると体を横に振る、前後に動かすなどの行動がみられるが、養育者によって十分に保育されなかった乳幼児にこれらの行動が執着的にみられる場合、座れる時期になって発症する**常同行動**という問題行動である。

　近年、特に母子家庭での放置、被虐待児に常同行動が見られる傾向があり、母親への支援、指導も必要となっている。

　同様に**頭打ち行動**も執着的な異常行動である。ベッドの柵、柱などの硬いものに音を立てるほど頭を打ち、傷ついたり、打ちつけすぎて額が硬くなるなどの場合は、明らかに異常な行動である。

　3歳の男の子が頭打ちがひどく、止めても続け、無理に止めさせるとパニックを起こすとの主訴で来院した例がある。母子家庭で母親が昼と夜と別の仕事を持ち、子育ては近所に昼と夜と別々に預けていた。子どもの行動を心配して連れてきたのは、預けられた近所の人であった。

　退嬰行動も、心理・精神的原因による行動であり、赤ちゃん返りといわれている。発達的には消失した行動である指しゃぶり、夜尿、哺乳ビンでミルクを飲む、幼児語など乳児期の行為が復活し、母親に依存的になる。これらの行動は心理的に乳児期への退行現象であり、要求される発達年齢への不適応である。短期的に卒業する場合もあるが、急速に退嬰行動が進み、歩かなくなる幼児もみられる。退嬰行動は幼児期に弟妹が誕生するとか、病気のあとの集団への不適応など一時、小学生にも発症する。母親と1対1になった時に一時的にことばで甘えたり、日常は示さない幼児的行動で接するなどは、弟妹が母親のそばにいない時に健常児にもみられる行動である。

4) 神経性習癖

　神経性習癖は多分に個人の生物学的特性による症状であり，発達に関連して発症する症状は多彩である傾向があるが，一過性に消失しないで長期にわたり反復，あるいは慢性化する症状があり，出現頻度は高くない。一般に神経性習癖の出現率は男子に高く女子に低く，家族に何らかの神経性習癖を持つ傾向がみられる。

　誘因として心理・精神的な緊張，不安があり，急性の激しい症状から，慢性化したくせ，あるいは体質とみられる範囲にまでわたる。成人に幼児期からの行動が残遺症状としてみられる例もある。神経性習癖は心身症の分類に入るが，特に対人場面での緊張が強い。ささいなことに気をつかい，自分に対して要求水準が高く，失敗すると傷つく，妥協ができないなど，社会生活の中での不安が高い。知的には低くない。なかには高い能力を持つ子どもも多い。

(1) 遺尿

　排泄に関連する症状には，神経性習癖の範疇に分類される症状がある。昼間の覚醒時のみ，あるいは睡眠中のみに排尿を失敗する症状で，それぞれ昼間遺尿，夜尿症という。双方の症状を持つ場合は，排泄の発達が未熟である可能性があるが（p.120参照），排泄の自立が完了し，昼間のみ緊張すると遺尿の症状を持つのは神経性の遺尿の傾向がある。

(2) 頻尿

　緊張場面で頻繁にトイレに行き，時には社会生活の中で不適応を起こす，神経性頻尿といわれる行動がある。排泄を制限されるバス，電車に乗る前，初めての場所に行く時などにみられ，家

の中でや友達と遊んでいる時には頻尿はないし，夜，睡眠中にはみられない症状である。

　頻尿は心理的ストレスにより反復して生じる症状であり，発生は3，4歳頃だが，学習された行動は年齢が高くなっても同じような緊張場面で反復する傾向がある。試験の前，面接の前などは成人にも見られる行動である。

(3) チック

　チックとは，不随意的，突発的，急速，反復性，非律動的，常同的な運動あるいは発声が2週間以上続くものをいう。運動性チックと音声チックに分類される。男子に多く，心理的ストレスで増強することがあると星加明佳は定義している。

　運動性チックは瞬目といわれるまばたきのチックが多く，3，4歳頃に初発し，一過性に消失するものと再発反復するものがあり，成人にも残遺症状としてみられることがある。運動性チックにはほかに，鼻をピクピクさせる，口をゆがめる，首を曲げる，肩をふる，上肢，下肢を震わせるなど多彩な症状がある。

　チックの初発は何らかの心理的原因により誘発されることがある。子どもの場合，結膜炎で目が気になり，さわっていた際，その行動を禁止されたり，干渉されるなどから始まる場合もある。1つの行動を禁止され，目から鼻，首に移行する例もある。

　音声チックは咳払い，意味のない声を出すなどであり，なかには社会生活の中で禁じられていることば，汚いことばなどを頻繁に口に出す行動がみられる場合がある。

　チックも男子に多い問題であり，ADHD，不器用，ぜんそく，アレルギーなどと重複する傾向がある。

　これらの行動には一過性のものと慢性化するものとがある。初発の時期は生活全体に対しての過干渉，禁止を控え，緊張，不安

を解消するように環境を配慮し，経過をみる必要がある。
　チックの症状が長期にわたり，経過がひどくなっていく場合，また他の症状と重複する場合には，小児科の専門医に相談することが望ましい。
　チックの多くは思春期を過ぎると個人の特性の範囲に入り，社会生活を阻害する行動にまで重度化するものはまれであるので，周囲が落ち着いて子どもを受け入れることが必要であり，そのためには養育者に対しての支援が求められる。

(4) チックの症例
【症例：T君，6歳，男子，肩をふるわせる】
　肩をふるわせる症状を主訴として，小児科の心理相談に来院したT君は6歳の小学1年生であり，整形外科からの紹介であった。紹介状には肩が動く原因になる疾患はなく，不随意に動く肩の症状は心理的な原因によるものではないかと書かれていた。
　生育歴からは出生時，乳児期，幼児期の発達に問題はなく，3年保育の幼稚園も，入園時に分離不安はあったが5月の連休以降は喜んで登園するようになっている。友達関係も特に問題はなく，言語発達も良好であった。
　協調運動はやや悪く，スキップ，ジャングルジム，鉄棒など運動は苦手であり，折り紙も不器用であったが，いやがって拒否したりすることはなかった。
　体質的にはアレルギーがあり，アトピーを持っていたが，だいぶ落ち着いてきているとのことであった。大きな病気はしなかったが5歳頃までよく熱を出して気管支ぜんそくを起こしていた。首を傾ける行動があり，母親は耳が痛いのではないかと心配し，当時通院していた耳鼻科で中耳炎を疑って診察を受けたが，中耳炎の心配は否定された。

家族は父，母とT君の3人であり，父が単身赴任で別居しているのはT君が私立の小学校に入学したためであった。

　小学校入学後，T君に首を右側に傾ける行動はみられなくなったが，肩を頻繁に動かし，右肩を後ろに引くような行動がみられ担任より注意を受けた。家での様子をみて，母親は疲れて肩がこっているのではないかとマッサージをしたりしたが，痛む様子はみられなかった。しかし，マッサージをすると落ち着いてきた。

　整形受診のきっかけとなったのは授業参観であった。初めての授業参観に母親とT君は前日より緊張し，母は「家に帰ったらマッサージをするから，授業の時はがまんをして姿勢をよくしていなさい。後ろで見ているから」とよく言いきかせて学校に送り出した。

　はやばやと教室に入った母親は，子どもと目をあわせて「大丈夫よ」と合図をしたという。授業が開始されてからの子どもの様子は明らかに異常であった。間をおいて右肩を動かし後ろに引く動作を繰り返し，苦しそうに見えた。

　途中で先生が気づき，保健室に移った。本人の様子に母親は驚いたが，担任も今まではこんなにひどい症状ではなかったとのことで，早速整形外科を受診となった。

　T君のチック発症に至る過程で家族に大きな変化がみられた。1年前突然，父親が単身赴任になったことである。本児は当時受験のために塾に通っており，父親の単身赴任が決まったのは受験の半年前であった。

　その頃本児にまばたきが頻発し，チック症状がみられるようになった。眼科受診で結膜炎と診断され，洗眼に通院するとまばたきのチックはおさまり，眼科受診は終了となった。母親はほっとしたという。その後受験のための塾通いが忙しくなり，母親と勉強する毎日が続いていた。

夏休みに入る頃に鼻をヒクヒク動かす動作がみられ，落ち着かなくなってきた。母親は注意して落ち着くようにさせていたが，症状がひどくなり耳鼻科を受診し，鼻の洗浄に通った。本人は耳鼻科受診をいやがったが，受験前によくなるようにと本人に言いきかせたという。その後鼻をヒクヒクさせる行動は落ち着き，受験は合格して親子ともに大変に喜んだという。受験後は単身赴任の父のもとをたずねたり，落ち着いた生活をしてきたとのことである。

　入学が決まって落ち着いてきたので，母親が計画していた英語の学習塾に通うことを決め，週に1回行くようになった。受験のために塾に通うのは幼稚園の友人と一緒でもあり，本人はいやがることはなかったが，英会話には抵抗を示した。T君は本を読み理解する能力もあり，言語能力は高かったが積極的に発言したり，会話を楽しむタイプではなかったので，英会話の勉強は消極的であり，母親を心配させた。母親のT君に対しての悩みは，積極性がないことや，わかっていても表現しない性格であった。

　入学してからは十分に力を出しきれないのではないかと心配していた母親は常に子どもに注意する結果となり，このような状態のまま授業参観を迎えたのである。

　小児科に来院してからは，日常生活の中でT君に対することばによる干渉を少なくして母親がまず落ち着くように，単身赴任中の父親と連絡をとり，家族の生活を大切にするよう指導していった。その後，担任と連絡をとりながら，母子ともに落ち着き，夏休み前には学校生活にも適応し，友人もできてきた。英会話は中止し，学習は担任から指示のある範囲にして無理な予習や復習を母親がさせず，本児に任せるようにした。

　夏休みは父の赴任先で生活したり，母方の実家に滞在するなど，入学前とはまったく異なる生活をした。

2学期のはじめは少し緊張があったが、肩の動きは消失した。その後消失していた鼻をヒクヒクさせる動作が再びみられ、鼻チックが消失するとまばたきチックが再発し、これもまもなく消失した。まばたきチック、鼻をヒクヒクさせる行動、首を傾ける、肩を動かすなど異なった症状は、発症したときと逆に順送りに繰り返しながら消失していった。その後、緊張するとまばたきをするなど残遺症状は残ったが、学校への適応もよく問題はない。

5）ヒステリー性症状

　ヒステリー性症状とは、無意識の欲求不満、抑圧によるストレスから運動障害（歩行困難、手の麻痺など）、知覚障害（視覚障害、聴覚障害など）の身体症状を示すことである。これらの症状は、眠っている時ではなく覚醒時に人のいる時に発症する。症状の重症度に比較して本人の不安、動揺はないのが特徴である。

　詐病とは異なり本人は病気をよそおっている意識はない。歩けない、耳が聞こえないなどの症状に対する器質的な疾患はなく、自己暗示による症状でヒステリー性症状といわれてきた。

　子どもの症状は成人の症状より単純で、心因が明らかであることが特徴である。

　例えば、2学期に入り夏休みの宿題ができていなかった私立小学校3年生のC君が、始業式の日に歩けなくなった。車椅子で入院していたその男の子は入院中歩行しないまま、ベッドで生活していたが、小学生の入院児たちと仲良くなり、楽しそうにしていた。ある日、プレイルームでTVを見ていた子どもたちの声につられて無意識に歩行し子どもたちと一緒に遊びだしていた。C君は退院後、近所の公立小学校に転校し、その後問題もなく、社会人として生活している。

6) 自傷行為

　自傷行為は明らかな異常行動であり，出現頻度は低い。自閉症，重度の知的障害児にみられる行動である。重度の自閉症児の中には長期にわたり自傷行為を続ける例がみられる。

　症状としては，頭を床や柱に打ちつける，爪の周囲の皮膚を出血してもはがす。鉛筆などでつつき，手の甲や腕などを傷つける。傷のある部位を強迫的にいじるなど，自己を強迫的に傷つける行動であり，その行動を禁止するとパニックを起こし周囲は困惑する。

　自傷行為としての爪の周囲のささくれをむいてしまう，唇の皮膚をむく，耳の穴をつつく，傷跡をいじるなどの執着的行動は幼児期の被虐待児にもみられる行動でもある。

　また，慢性的な不適応行動としての爪かみがあり，なかには小学校の中学年頃まで続き，爪を切る必要がないくらい，爪をかじってしまう子どももいる。また爪が変形し，深爪になっている子どももみかける。爪かみは健常児にも連続する行動であり，くせの範囲で親，保護者も把握している傾向がある。その背景にある心因は，指しゃぶりが退嬰行動であるのに対して，爪かみは欲求不満の攻撃的な行動ともいわれている。成人でも，爪かみの残遺症状とみられるくせを持っている人もいる。

　幼児期に爪の周囲の皮膚をむく行動も，くせとして受け止められていることがあるが，赤くささくれている指を執着的にむく行動は自傷行為である。子どもの背景にある不適応より生じている欲求不満の可能性があるので，親の配慮が必要であろう。背景には，親，保育者に依存できない子どもの存在がある。環境の変化，厳しい叱責，父母の不仲，いじめなどが要因になる場合もあり，親が気づかず慢性化する例もある。このような例では保育園の保育者により気づかれることがある。

爪かみは指しゃぶりと同じ行動と考えて安易に対応する傾向があるが、自傷行為に連続する行動である。近年被虐待児の報告が多く、慢性化した爪かみがみられている。

7）緘黙
(1) 緘黙の問題
　緘黙は話をしない状態であり、話ができない障害とは異なる。
　緘黙には全緘黙、場面緘黙がある。全緘黙はまったく話さないが、場面緘黙は、特定の場所、人の前では話をせず、緊張のない家では話をしたりする。また子ども同士では話すが、先生をはじめ、大人の前では話さない、なども場面緘黙である。ことばを話す前提には人の話を聞いて理解できる能力が必要である。したがって話の理解ができなければ、人との会話、自分の考えの表出はできない。緘黙の子どもは、話を理解できるし、ことばを表出する能力も十分に持っている。ことばを話さない背景には心理的要因があり、明らかに話さない状態により集団の中でメリット（疾患逃避）を得ている。
　緘黙の子どもたちは、話せない子どもの原因となっている聴覚障害、自閉性障害、知的障害、運動障害（協応運動障害）を持っていない。同年の子どもと同じレベルで日常生活も運動も学習も可能である。また心因性の失語ではない。
　緘黙の多くは場面緘黙であり、家では同年の子どもと同じように話すし、子どもによってはよく話をする。場面緘黙がよくみられる場所は家庭以外、人では家族以外である。保育園、幼稚園では特定の保育士や教師に小さな声で話す子どももいる。黙っていることがメリットになっているので、配慮は必要であっても話さないために特別扱いするのは問題である。緘黙に至った子どもの心理的要因をよく把握し、時間をかけて親、保育者が本人の心的

外傷を受け入れることが望まれる。親，保育者の中には緘黙が出て初めて，子どもの心の痛手に気づく場合がある。緘黙に至る前に他の問題行動を示さなかった場合が多いからである。一方，緘黙を示すとそれのみに関心を示し，急に過保護になり，特別扱いをすることがあるが，緘黙の症状のみを問題にする対応はむしろ症状を慢性化させる場合もあるので，対応に注意が必要である。

(2) 緘黙の症例
【症例：A子，小学2年生〜，女子】
　A子は小学校2年生になり，母方の実家で母と一緒に暮らすために転居し，転校をした。母親は専門的な能力をいかして，実家の近くの市で仕事を始めた。A子は転校に強く緊張して，学校に行くことに不安を示した。
　母親は勤務のためにA子より先に家を出て，遅く帰宅する日が続いた。間もなくA子は学校でまったく話をしないと担任から連絡があった。A子は下校するとバス停で母親を一人で待っていたが，母親の新しい勤務先に母をたずね，母親と祖母から厳しく叱られている。
　母親は結婚してから夫と意見が合わず，A子出生後も父母は不仲で，A子の父は帰宅しない日も多かったという。離婚については実家の反対もあり，もめていたが，母親の勤務先が決まったのを機会に，母親はA子を連れて実家に戻り，A子を祖母にあずけて勤務についた。祖母は，離婚して実家に戻ったA子母子と暮らすのに，近所への気兼ねもあった。高校卒業とともに家から独立していた娘と孫との生活に不安を持っており，母親と実家の祖母との関係は安定した状態ではなかった。
　A子の緘黙を知った母親は驚き，A子をなだめたり叱ったりを繰り返した。A子は家では話しても学校ではまったく話さ

ず，質問にも答えなかった。しかし，話さなかっただけで教科の学習は理解し，高い能力を示した。クラスの友人とも話さなかったが，友人を拒否する様子はなかった。

　A子は出生した時より，父母の不仲の状態の中で育った。3か月までは母親が育てたが，その後は転々と個人保育，私設のベビーホームを経て，3歳より保育園に通っていた。母親は多忙であり，休日も仕事を持ち帰る状態であったという。A子は，4歳の時気管支炎から肺炎を併発して入院している。入院した時は母親が毎日病院に通っておみやげを持ってきてくれたり，相手になって過ごしてくれたので，入院は楽しかったという。A子にとって転居や転校は突然の出来事だったようである。保育園にもなれ友人と小学校に入学し仲の良い友達もでき，学校が楽しい場所になっていた。母親は当時のA子を思い出し，よく学校の出来事，給食，仲の良い友人について母親のあとを追いかけて話したがったという。

　母親にとっては経済的な自立の必要があったために，A子のことまで考える余裕がなかったという。A子は，今までに保育園，学校への問題もなく，知的にも高く，学習に関する心配はまったくなかったので，母親はA子が今までと同じように適応すると考えていた。A子の緘黙状態を知り，母親は仕事を調整し，A子と過ごす時間を持つ努力をするようになった。祖母もバス停で母親を待つA子に心をいためていた。どんなに連れ帰ろうとしても自宅に帰りたがらなかったという。

　祖母が母親の会社までA子についていって母親と一緒に自宅に帰るようにすると，A子は祖母と会社まで母親を迎えにいくのを大変喜んだ。緘黙について家族はまったく触れないことにして担任の先生と祖母が連絡をとり，率直に今までのA子の経過を話して理解と協力を求めた。

担任はA子の緘黙をあえて無視し，必要なことは返事を求めず話しかけていた。下校後母親を迎えにいくまでの時間には，友人が遊びに行くように配慮したり，A子が友達をつくるように協力した。A子は家で友人と遊ぶようになり，はじめは話をしなかったが，まもなく，家では大きな声で自然に話すように変わっていった。ただ，学校ではその友人とも話さなかった。

友人たちと学校で話すようになったのはその後，まもなくであった。担任の質問には答えるようになっても，担任は特別な反応を示さずにいると，担任との話も自然に変化していった。質問に手をあげなかったA子であったが，教室の中で手をあげる回数も多くなってきた。その後A子は積極的に手をあげ答えは的確で本人は自信を持てるようになってきた様子であった。

夏休みはA子にとっても，貴重な時間だったようである。友人とプールに通ったり友人の家に遊びに行くなど，何人かの友達との関係に広がっていった。また夏休みをとった母親と1泊の旅行に出かけたことも母子にとって初めての経験であった。母親の勤務も軌道に乗り，祖母の協力もあって生活も安定してきた。

A子の場面緘黙は，3か月を過ぎた頃から変化し，比較的短時間で解消したといえる。

緘黙は初期の対応がこじれると長期にわたることも少なくない。場面緘黙は保育園，幼稚園，学校と関連するので担任の保育士や教師の協力を得る必要があり，率直に話し合うチームが必要となる。緘黙を続けることを子どもの防衛手段にさせないように配慮することも必要である。

8）性格に関する問題

子どもの性格に関する問題行動をどのように受け止めるかは医

療機関,保育・教育関係,親・養育者など,立場によって評価が異なってくる。

医学領域は疾患に関連する行動,対人認知,執着,強迫性,気分の変化,意欲の低下などを問題とし,集団の中での保育,学習を通じてみる保育士は,攻撃性,衝動性,自己中心性,社会性の未熟などを集団の中での問題として挙げる。

親,養育者,特に母親にとっての子どもの問題は,時代によって変化するといえる。どの養育者も子どもの健康は基本的な要求だが,現代の子どもは病気による死亡率は低下し,後遺症による知覚障害,運動障害,感覚障害も低下している。親の子どもへの関心は社会の中で幸福な生活をするということであり,いかによい社会生活のために必要な能力を子どもに与え,学ばせるかという方向が強くなってきている。少子化傾向は子どもへの期待と要求を強くしている。また,集団生活の低年齢化はこの傾向に拍車をかけている。

子どもたちの親の世代はまだ2年保育を経験している人たちが多い。現代の子どもたちは3年保育が一般化し,仕事を持つ親のために乳児保育が定着しようとしている。

親は家族の中で生活していた子どもを同年齢の集団生活でみるようになってきた。同年齢の中でみると,家族,同胞の中にいる時とは異なり,同年の集団の中での適応能力である対人認知,積極性,リーダーシップ,感情のコントロールの能力などが目につき,特にこれらの能力の低い点についてが性格の問題として親に不安を与える。

(1) 攻撃性

衝動性とも関連するが,理解はしても行動のコントロールの発達が十分でなく,ことばの表出が十分にできないと,手を出した

り，噛み付いたりする行動がみられる。他の子どもに危害を与えるだけに，親にとっても，保育者にとっても困る問題であるが，ことばの表出が自由にできるようになると消失する。

　問題なのは，愛情を十分に与えられなかったり，厳しくしつけられ，感情を抑制していた子どもが年齢の低い子どもや弱い立場の子どもに対して示す攻撃性である。このような攻撃性は子どもの背景にある家族を主とする環境の調整が必要である。将来の安定した情緒の発達，性格形成のためにも，早期に気づき，家族を主とする環境の調整が大事である。

(2) 残忍性

　昆虫，小動物から弱者に対しての残忍性は幼児から思春期までにみられる。幼児が昆虫をみて不思議に感じるのは自然であり，自然とのふれあいの中で命を見出すのも発達である。しかし一過性にみられる行動であっても適切な対応がされなければ，なかには慢性化して異常な攻撃性，執着とも重複する場合があり，背景にある心理・精神的な要因についての配慮がまず必要である。

(3) 自己中心性

　親が挙げる同年の集団の中で目立つ自己中心性は，わがまま，自己のコントロールがよくできないなどである。低年齢の訴えほど個人差の範囲であるが，小学校中学年以上にみられる自己中心性は問題である。幼児の自己中心性は集団の中で発達に伴い変化していく傾向があるが，就学前であっても，攻撃性，対人認知の問題，ADHDを重複する時は全体像として自己中心性をみる必要がある。

(4) 消極性・ぐず

 知的には低くないのに分離不安があったり，集団の中での自己主張ができない子どもは友達と遊びたくても上手に運動やあそびの中に入れないので，親は将来に影響する性格ではないかと悩む傾向がある。

 多くは個人の発達性の範疇に入る性格であり，慎重であったり，思考的な子どもである例もある。このような子どもの中には運動能力があまりよくないし，不器用であったり行動が遅い，いわゆるぐずと親が心配するタイプがある。このような子どもたちには幼児期から小学校低学年こそ，運動能力のトレーニングが大切であろう。消極的で不器用な子どもには運動能力の習得こそ，自己表出のスキルを得るために必要なことである。

(5) 顕示性

 いつも関心を集めたい，中心でありたいと思うことは，子どもの持つ特性であり，子どもたちは安定した対人関係の中で，傷つきながら社会性を身につけていく。顕示性はエネルギーでもあり能力でもあるので，マイナスのみではない。しかし，本人も周囲も自分の能力以上のものを求めていくと性格形成に影響を与え，非社会的行動に走る場合もある。

 性格に関連する問題は日常生活の中で親や養育者を不安にするが，発達の過程で示す行動である場合が多いので，大人の価値観で評価せず経過をみる必要がある。

■第 5 章■

軽度発達障害
―― 気がかりな子どもの支援 ――

I 軽度発達障害について

1) 医学・教育的背景

　近年，教育，育児支援で問題になってきているのは，障害児と健常児のはざまにあって障害児の枠に入らなかった子どもたちである。

　障害児とは，知的障害，感覚障害（聴覚障害・視覚障害），運動障害，自閉症など社会生活に明らかな不利が生じる症状・原因を持っている子どもたちであった。日本の医学・教育はこれらの障害に対して高いレベルでの貢献をしてきた。

　医学の進歩は乳幼児の死亡率の低下を導き，重度の障害児を減少させる方向に進んできた。これは先進国一般にいえることである。なかでも日本の乳児の死亡率は世界で最も低くなっている。そのため，今まで経験しなかった重度の乳児の生存と，かつては重度の可能性を持つと考えられていた乳幼児が軽度から健常児の範疇に入ることを可能にした。

　だがこの医学の進歩は教育には広がらず，日本の特殊教育は明

らかな症状と原因を持つ1〜1.5％の障害児だけを対象としてきた。養護学校、特殊学級、情緒障害学級、ならびにことばの教室などを主とした通級学級、による教育である。

文部科学省は現在その対象を6.5％とすることを提案し、近い将来8％まで拡大することを予定している。これは教育の大きな改革であり、「特別支援」の用語で教育的対応が教育行政に位置づけられようとしている段階にあることを示している。

日本における軽度発達障害児への教育的対応は、アメリカがひとつのモデルとなっている。アメリカは医学の進歩とともに、障害児教育の対応が重度から軽度へと変わってきた。軽度とされるのは、明らかな障害――例えば前述の知的障害、感覚障害、運動障害、自閉症――ではないが、学習する上での特定の能力に問題があるために学習に困難を生じる場合であり、あるいは視覚性、聴覚性、触覚性、運動性の偏り・歪み、また多動、注意集中困難、協応運動困難（不器用）などがあり、社会への適応に問題を生じる場合などである。

2）発達過程で生じる障害

これらの問題は発達により重複したり、消失することもあるし、今までの障害の概念に当てはまらないだけに周囲の理解、受け入れが十分ではなく、本人は発達に伴って自分の問題に気がつき、集団の中で困惑するようになる。

近年、このような子どもたちの二次的な情緒の問題、思春期の不適応が社会問題となり、早期からの育児支援が求められるようになってきている。

これらの軽度の問題あるいは障害は、近年の脳科学、神経心理学、認知心理学の進歩により個人の発達の特性、性差、家族性などによることが明らかになってきた。

また、発達臨床心理学は、発達の過程で生ずる認知能力の個人差や、行動上の偏りと統合、臨床の問題としては、集団の中で生ずる不適応行動と、達成感を持てないために生ずる自尊感情の低下や抑圧された攻撃性が思春期に与える影響などについて明らかにしている。

3) 発達障害と軽度発達障害

　発達障害は知的障害（医学領域では精神遅滞）をはじめとする明らかな症状を示し、社会生活に不利をもたらし、その障害は生涯あるいは長期にわたるものである。発達障害について医学領域では診断名を症状別に用いている。DSM-Ⅳ（「アメリカ精神医学会 精神疾患の分類と診断の手引き」1994）は、精神遅滞については軽度、中等度、重度、最重度と分類し、WHOのICD-10（「精神および行動の障害」1992）もほぼ同様に分類している。

　ここで対象とする軽度発達障害は、知的障害の「軽度」とは異なり、発達性の症状（思春期までに個性の範疇に入るもの）も含む。軽度発達障害は既存の障害とは明らかに異なるのである。したがって障害の用語を用いることへの反対もある。これらの中には他の能力をバイパスとして、学習、社会生活に適応できる高い能力を有するため、周囲からはその偏り、歪みあるいは軽度の障害が理解されにくいタイプも含まれている。

4) 教育の対象として

　アメリカでは1960年代より、これらの子どもたちを、障害児教育とは異なるLearning Disabilities（LD）の用語で教育の対象としている。日本ではLDは学習能力の障害と翻訳されていたが、その後「学習障害」の用語が一般化した。しかし、学習障害は知的に低い子どもの障害との混乱があるので、教育関係では

LDはそのまま新しい概念として広く用いられるようになってきている。本章でもLDの用語を用いる。

　教育領域がLDとして障害児と健常児のはざまにあった子どもたちの問題を取り上げ，認知能力ならびに行動に偏りを持つ対象児のための教育を提案するきっかけとなったという意味で，この用語は大きな意味をもっていた。先述のようにLDという用語は教育領域から始まり，その対象である障害児と健常児のはざまにある教育の必要な子どもたちは，当時学童期の児童の3～5％といわれ，原因として何らかの中枢神経の発達の偏り，あるいは微細な障害を持つといわれていた。小児科領域では1950年代から微細脳障害（MBD）の用語で広く関心を持たれてきた子どもたちである。これらの子どもたちは多動，注意集中困難，視覚・運動協応障害などを重複する例が多く，その治療的対応が見当たらないまま障害児とは異なると考えられてきた。教育分野で，これらの対象児を軽度の学習上の困難を持つ子どもとしてとらえ，認知・行動面をも統合して教育に取り組んだのが，LDの原点であった。

5）医学領域の軽度発達障害の考え方

　LDの子どもたちへの小児科，小児神経部門での対応は，微細脳障害の行動上の問題（多動，集中困難，協応運動困難など）をめぐるものであった。

　知的に大きな問題はないが落ち着きがなく，注意集中困難な子どもたちは集団での適応が悪く，親も教師も扱いに困る子どもたちであった。治療的対応のないまま微細脳障害と容易に診断され，くずかご的診断といわれた。その後，多動・集中困難に対する行動上の問題は薬による治療をはじめとして医学領域で高い関心が持たれるようになった。DSM-Ⅳ（1994）が日本に定着して

以来広く用いられているADHD（注意欠陥/多動性障害）の原点である。これらの対象児の中には低出生体重児，周生期の異常などリスクベイビーといわれる子どもたちの頻度が高い。近年の脳神経科学，神経心理学の進歩は，これらの障害児に対する仮説であった微細脳障害の診断と治療に貢献している。生物学的な性差もあり，家族性がみられることも明らかになり，薬物による効果も多く報告されている。

6) 高機能のグループ

近年の研究で，軽度あるいは偏りを持つ子どもたちの中に高機能のグループが存在することが明らかになってきている。高機能のグループとは認知能力の検査（WISCなど）では，高い指数を示すのに社会適応が困難な一群のことである。

このグループには，発達性のもので思春期までには個性の範疇に入るものから，LD，ADHD，高機能自閉症，アスペルガー症候群まで，健常範囲から障害まで含まれている。早期からの育児支援の必要性が認識されてきているが，乳幼児期での診断は難しい。

7) 社会的関心へ

障害児への対応は，医学も教育も重度障害児から始まっている。乳幼児の死亡率が高かった時代は七五三を無事に祝うことが家族の行事であった。同胞数も多く，すべての兄弟姉妹が成長するのが珍しいのは日本でも決して昔のことではなかった。落ち着きがなくても歩けるようになり，話ができるようになれば，貧しくとも農業，漁業，林業などで仕事が持てた時代からまだ100年もたっていない。近年の少子化傾向は顕著であり，出生した子どもたちは元気に育つ時代となってきたが，子どもを取り巻く環境

は大きく変化している。家族制度は戦後大きく変わり，大家族から核家族，そして少子化傾向にある。生活は都市化し，仕事を持つ母親は増加の傾向にある。良否はともかくとして50年前は母乳がなければ育たなかった乳児も，安価で衛生的な人工栄養がたやすく入手できる時代になり，かつては母親の特権であった乳児期の子育てに父親も権利を持てるようになってきている。したがって保育所は低年齢化し，乳児保育も充実してきている。その反面，日本では少ないと考えられていた虐待児をはじめとする親子の問題が増加している。

8）軽度発達障害と思春期

　軽度の問題を持つ子どもたちへの関心がクローズアップされてきたのは，思春期の不適応行動との関連においてであり，上に述べたような複雑な家庭環境が背景にある。

　もちろん思春期の非社会的行動は，障害児だけの持つ問題ではない。思春期はどの子どもたちにとっても，通過しなければならない発達の道程であり，クリティカルな時期でもある。しかし特に軽度の偏りを持つ自己規制能力の弱い子どもたちに対しては，知的に低くないだけに配慮が必要である。環境要因に問題がある場合は，健常児といわれる子どもたちにとってもリスクがあるものであるが，何らかの軽度の問題を持つ場合はとりわけ，家族，教育の中で安定した状態にある子どもたちに比較すると，思春期のリスクが大きいという報告が日本でもされるようになってきている。

II LD

1) LDに至る歴史

　子どもたちを保育園，幼稚園，小学校の中でみると，いろいろな子どもたちがいることに気づく。年齢が低いほど集団の中での行動はまちまちであり，同年齢でも発達が幼い子もあり，整った子どももいる。

　集団の中で子どもたちをみていく時に我々は，障害児と障害を持たない子どもたちに分けて障害児に対しての対応を考えてきた。なぜならば，障害児にはまず配慮を必要としたからである。障害児は障害を持たない子どもよりも，運動能力，知的能力，感覚器官の能力（視力，聴力），状況理解の能力が低い。多くは体力も弱く，体質的に虚弱な子どももおり，それぞれに集団の中での安全，適応のためにも配慮が必要であった。日本では障害児には，養護学校，情緒障害学級，心障学級，ことばの教室など特殊教育といわれた教育が配慮されてきたが，その対象は1〜1.5％であった。

　近年，今までの障害児の範疇に入らなかった子どもたちが通常学級から通級の形で個別教育，小グループ教育を受けて，社会適応や学習に効果をあげている。先にも述べたように，文部科学省では特殊教育の範囲が将来は8％あるいはそれ以上になる可能性を示している。

　この対象は，前述のように障害児と健常児の間にあって何らかの配慮を必要とする子どもたちである。今までの特殊教育の対象ではないが，通常学級の中では特定の教科（読み，書き，算数）に問題を持っていたり，落ち着きなく注意集中が困難でクラスに適応できなかったり，行動が不器用で状況理解が悪いため学校で

の学習や同年の集団の中での行動に問題を持つ子どもたちである。障害児と健常児の2つの枠ではなく、この2つの分類に入らない子どもたちに見合った「教育を」と親たちが中心となって1960年代にアメリカで起こした働きかけが、Learning Disabilities（LD）のはじまりであった。

2）子どもを全体として考える

アメリカ各州の教育委員会から始まったLD教育は、1970年代には教育行政に位置づけられ、現在のLDの教育に広がった。

1960年代に3〜5％といわれたアメリカのLD教育は、LDの概念が拡大されADHD，高機能自閉症，アスペルガー症候群，協調運動困難などをも包括するようになって急速に対象児が増加した。現在ではLD周辺にある子どもから境界領域児まで，特別支援の半数以上に及び，その対象は10％を超えている。現在の対象児は1960年代初期の概念とは異なってきているが、このように教育領域が対象を広げているのも増加の原因である。子どもたちの発達の個人差ならびにその特性にあわせた「特殊教育」ではなく，「教育サービス」としての支援に連続することは教育として望ましい方向である。その意味では医学領域，福祉領域とLDの定義は同一ではない。DSM-IVやICD-10における定義・用語も運用に当たってこれからも微調整される可能性があることを示しているように、医学・心理学・教育の関連領域の進歩に伴って、より合理的な概念・用語に変わっていくと考えられる。

ただ子どもは診断名が変更されても同じく存在し成長している。教育，育児支援は子どもの発達を前提に，矯正するのではなく、一人ひとりの子どもの発達に基づいて支援するべきであり、将来の自立を前提に乳幼児期から幼児期に，学童期に，思春期にとそのプログラムを調整しながら引き継いでいかなければならな

い。対症療法的な教育，育児支援は発達過程にある子どもにとって，決して効果のある方法ではない。

3）LDの下位分類
(1) 言語性LDと非言語性LD

　学習はアカデミックスキルといわれる読み，書き，算数に限定されたものではない。心理学では人の学習は出生と同時に始まると見なしている。LD教育が始まった際の対象児は，障害児と健常児の間にあって知的には低くないし視聴覚の障害も持たず，運動障害，自閉症でもない子どもたちであった。さらに環境性の問題ではないのに読み，書き，算数に困難を持つ子どもたちを対象として，LD教育は義務教育の小学校からまず始まった。したがって当然のことながら，アカデミックスキルである読み，書き，算数が問題となった。特に英語の読み書きは，移民の国であったアメリカの義務教育では主要な教材であった。障害児ではないのに読み書きに問題を持つ子どもたちの治療教育の原点となったのは，発達性ディスレキシア（発達性読み障害）であった。ディスレキシアは成人の脳血管障害の結果発症する読み障害で，成人の場合は発達段階をへて，状況の理解，意味認知の発達が統合されてから，障害により，失読，失書，失計算の症状が生じる。発達過程にある子どもの読み，書き，計算障害は，症状が成人の示す障害と共通するものがあっても，障害により発症したものとは異なり，発達過程で統合するケースもあれば，偏りを持ったまま他の能力によりバイパスが作られる場合もある。成人の読み，書き，計算の障害は言語性障害の症状を示す左脳の関与が大きいといわれている。

　子どもは，小学校に入学して初めて言語性学習に困難を示すが，その治療教育の過程で，言語性の問題のみではなく，状況や

意味の理解など非言語性の学習が言語性学習，読み，書き，算数に関連し，影響していることが知られるようになってきている。また学童期になって言語性のLD症状を示した子どもたちの中には，幼児期に非言語性の問題を持った子どもたちが少なくないことも生育歴より明らかになってきている。

ここでは言語性LD，算数障害，非言語性LDを取り上げる。

(2) 言語性LD
① 読み障害
　読み障害は読字困難ともいわれ，LDの基本的な問題である。1896年，モーガンによって報告された症例が最初の報告例とされている。モーガンは14歳の知的には決して低くない少年について，計算もよくできたし話しことばにはまったく問題を持たなかったのに文章を読んで理解できなかったと報告している。この少年はアルファベットを1字，1字正しく読めたが，文章としての読解ができなかった。モーガンはこの不思議な症状を先天性語盲と診断している。その後，アルファベットは読めても文章としては読めない子どもの報告が増加し，その出現率は軽度のものを含めると10～15％ともいわれてきた。

　1968年に牧田は東京の小学校を対象に教師へのアンケート調査を行い，日本の読み障害は約1％であると報告した。アルファベット圏に比較すると1/10程度という報告はアルファベット圏の人々に関心を持たせる引き金となった。日本での関心の低かった読み障害について鈴木（1976）は，アルファベット圏の小児神経学の領域では，脳機能の微細な障害として成人の大脳機能障害による読み障害と共通の機序を想定し，子どもの読み障害を発達性ディスレキシアとして多くの研究があることを報告している。そして日本では発達性ディスレキシアの報告はほとんどないと述

べている。

　アルファベット圏に多く見られる読み障害が日本で少ないのは，表意文字である漢字と表音文字であるかなの2種類を用いる国語の特徴によるものである（牧田 1968，鈴木 1976，森永 1980）。小児科領域で発達性デイスレキシアの研究が少なかったのもまた教育領域に根づかなかったのも，26の文字で表出するアルファベット圏の国語と日本の国語の特性の違いが大きな要因になっているといえよう。

　日本語の読み障害の定義は，該当する学年より2年以下の水準とすることが広く教育領域で受け入れられている。この読み障害の定義は発達性ディスレキシアと同じ概念ではない。

② 書き障害
　書く能力には，言語性能力と視覚・運動協応能力が必要となる。文字を書く能力は学習によって習得するものである。

　書いて表現するためには，言語能力（思考）と書いて表出するスキルが必要となる。小学校1年から6年までに学習する漢字の数は1,006であり，日本の小学生が漢字の学習にかける時間とエネルギーは26のアルファベットを用いる英語圏とはまったく異なっている。

　書字障害（dysgraphia）といわれる書くことの困難は日本のLDの最も大きな問題であった。漢字は規則性があり，形が整っているので，かな，アルファベットのように音声にしないで視覚的に理解することが可能であるが，複雑な漢字を小学校6年の過程で1,000字あまりを学習しなければならない。神経心理学的には，かな，アルファベットを読み，書かれた単語，文章を理解する過程では視覚→聴覚の異感覚間にわたる経過があるが，漢字は視覚→視覚の同感覚間の処理で理解ができるので文字を音声にし

ないで理解することが可能である。1,000にあまる漢字の学習は視覚認知，記憶に問題を持つLDにとって困難なことであるが，小学校中学年を過ぎると，意味の理解が可能な子どもたちにとっては，漢字の意味を理解すると読解は容易となる。しかし，漢字は複雑な形の組み合わせで1文字が構成されているので，意味を把握できても文字を正しく表出するのは視覚認知のLDでなくとも多くの子どもたちにとって大変な努力を強いる学習である。漢字の学習の段階でへんとつくりを左右反対に書いたり(鏡映文字)，2本の線を3本にしたり，書いた最後をはねないなどの小さなミスで漢字の書き取りテストで失点となる経験を書字障害の子どもたちは持っている。ノートの提出が負担になる学童も少なくない。視覚認知が悪く，聴覚認知がよい子どもは聴覚的な手がかりで学習していく傾向があり，手際よくきれいに書くことは苦手である。

　英語圏では書字障害の子どもに無理に筆記体を強制しないで，活字体を使用させた時期があった。その後LDの考え方が入ってきてからは小学校5年頃よりタイプライターを使用させるようになり，書字障害の治療教育はタイプライターによる方法に変わってしまった。

　当時，日本では1,000あまりの漢字と2種類のかなをタイプライターを用いて表出することは考えられなかった。しかし，ワープロ，パソコンの出現は書字障害のLDにとっては大変な手助けとなり，書字で苦しんでいた人たちはワープロ，パソコンを利用するようになった。知的障害のために文章を書いて表現することができない書き障害ではワープロ・パソコンを利用することは難しい。LDであるから可能な方法である。

　つい最近まで日本では，書字障害のLDに対する教育にパソコンを利用するようにとの提案には学校からの反対が強かった。そ

の理由は学習は段階的に行うべきだということであったが，その後パソコンは大学生から高校生に，中学生から小学生にまで普及している。

　書字障害も知的障害を伴っていれば，パソコンで文章を表出できない。その理由は言語学習は段階をへるものであり，読んで理解困難な子どもは思考を文章として表現することが困難だからである。難しい漢字を正しく書けなくとも漢字が読め，かなから変換できれば，LDとしての書字障害の多くは解決が可能となってきている。

　しかし，LDとしての書字障害は減少しても，次にはパソコンの使用が困難なLDがサブタイプに加わる可能性は考えられる。さらにパソコンの使用でLDの書字障害は救われたが，書字障害を持たない学生たちが全体にパソコンの使用により文字を美しくかけなくなってきている傾向がある。また書かれている文章がマニュアル的で，行間を読ませる味わいのある文章が少なくなってきているのも新しい傾向であり，学習に関連する問題も時代とともに変わってくる可能性が予想される。

③ ことばの困難（聴覚性言語）

　読み，書きはアカデミックスキルとして学習の主たる課題であるが，視覚性言語である読み書きに対して，聴覚性言語である話しことばはアカデミックスキルとしてはあまり重点がおかれていない。しかし視覚言語の歴史はまだ新しいのに対して話しことばは人類の歴史が始まって以来伝承されてきたものである。日本でも義務教育が制定されるまでは，知的に高い能力を持っていても文字の読み，書きができない文盲といわれた人たちは多かった。読み書きができなくとも生活はできた時代においても，話しことばが正しく使えなかったら社会の中で生活していくことは困難だ

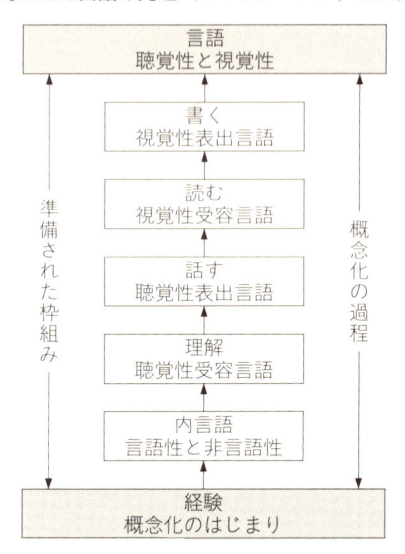

■図 5-1　臨床的にみた言語の発達（マイクルバスト，1978）

```
           言語
       聴覚性と視覚性
              ↑
       ┌──────────┐
       │    書く    │
       │ 視覚性表出言語 │
       └──────────┘
       ┌──────────┐
       │    読む    │
       │ 視覚性受容言語 │
       └──────────┘
準                      概
備  ┌──────────┐  念
さ  │    話す    │  化
れ  │ 聴覚性表出言語 │  の
た  └──────────┘  過
枠  ┌──────────┐  程
組  │    理解    │
み  │ 聴覚性受容言語 │
    └──────────┘
    ┌──────────┐
    │    内言語   │
    │ 言語性と非言語性 │
    └──────────┘
              ↓
           経験
       概念化のはじまり
```

ったと考えられる。マイクルバストは視覚性言語の原点は話しことばであると述べている（図 5-1 参照）。

聴覚性言語には，ことばの理解（受容）と話すこと（表出）の発達段階があり，話すためにはことばを理解する能力が十分に発達していることが前提となる。したがって，表出しても意味のあることばにならなければ言語ではないとマイクルバストは述べている。エコラリア（反響語）や独語は，一般に用いることばが表出されていても言語としてのことばとは異なるものである。

話しことばの前にことばの理解があり，ことばで表出できなくとも呼びかけに反応し，視線を合わせたり，指さしで答えたりジェスチャーで表現する非言語性のコミュニケーションがある。乳児は，イナイイナイバーやことばかけによる指さしに反応し，声

をあげて喜ぶなど、ことばとして表出される以前に人と人との関係の中で意味ある状況と音声を学習し、内言語を発達させていく。健常な乳幼児で言語が段階的に発達していくように脳の中に組み込まれていても、もし環境的に十分な言語刺激が与えられなければ、話しことばの理解・表出は遅れる。これは虐待児、希薄な家族関係の中で育った子どもにもみられる。

自閉症児の中には、喃語(なんご)も少なくことばかけに反応しない子どもがいる。指さし、ことばの模倣がないままに突然ことばを表出する。それは自分の限定された関心の中の名詞であったり、擬音であったりすることがある。一般に用いられることばであったとしても言語としての要因を持たない場合もあり、時には消失してしまうこともある。

ことばの表出には個人差、環境差があり、女子にことばの発達が早い傾向がある。聴力に問題がなく、ことばの理解が発達している場合には、運動発達(始歩)、周生期のリスクをチェックし適切な言語刺激を与えて環境を調整し、発達経過をみることが望ましい。

ことばの理解は十分にできるのに表出の遅れる子どもがあり、3歳を過ぎると発達性失語と診断されるケースがある。その多くは対人認知のよい境界領域、あるいは軽度知的障害の例である。境界領域、軽度知的障害の場合はことばの理解も年齢に対しての発達も十分でないので、発達の評価と経過観察が必要である。

知的に低くなくても、視覚認知に偏り、あるいは軽度の障害があると、人の名前と顔が一致しないように、ものと名前がよく理解できない。聴覚認知の障害を持つ場合は見て理解し、ミカンとリンゴの色、大きさ、味の違いはわかり、野菜、果物であることはわかっていても、音韻の認知に障害があり、名前を記憶できないし、構造を正しく表出しにくい。知的に低くないこのような子

どもたちは家庭内では日常生活に大きな問題を持たないので，ことばの表出が十分でなくとも親に気づかれないままに幼児期を過ごす例も少なくない。

　発声のための運動協応の発達が遅れると，構音障害のためにことばの表出が困難となり，どもる場合もある。一般の健常児と考えられる子どもたちの中にも一過性に構音障害，どもりなどを発症する例があるが，この時の親あるいは保育者の対応に問題があると情緒的に子どもは不安定になり，どもりを固定させる。

　ことばは人との間で用いられるものであり，話す相手との相互の関係がことばの発達に与える影響は大きい。知的に低くない幼児は相手の対応により自分の表出が十分に相手を満足させていない状況だと受け止めると，それがどもり，緘黙などの二次的な問題の誘因となる場合もある。

　また，対人認知の発達に偏りがあったり，障害を持つ子どもの中にはことばをたくみに用いるし，関心のある事柄に関しては，年齢より高いレベルでの言語的知識を持ち，時には多弁な子どもがいる。このようなタイプの子どもに対して親や保育者は言語表出の発達がよいと評価する傾向がある。しかし，イントネーションが奇妙であったり，エコラリア，独語が入ったりするように話しことばに問題があるのに知能検査では正常範囲に入る子どもがいるので，同時に行動観察と言語発達・対人認知・行動発達についての生育歴を聴取する必要がある。

(3) 算数障害

　算数障害は「計算障害」という用語が使われた時期があった。いわゆる知的障害を持たない学習障害といわれている LD で，成人で発症する失算症（ディスカリキュリア）で一般化された計算障害がそのモデルとなっている。原因は成人後の脳障害によるも

のであり、脳の障害部位により症状が異なることは広く知られている。

　子どもの場合は、その原因、機序は成人と共通するものであっても症状は発達過程により異なり、成人に達するまでに発達の個人差に入る場合もあり、発達性ディスレキシア、発達性書字障害、発達性計算障害の用語で言語性LDの下位に分類されていた。計算障害は言語性の障害であるが、数字を用いての計算障害に至る発達過程に、数概念の非言語性の学習に偏りを持つ子どもが存在する。子どもは出生と同時に感覚器官を経由して刺激をインプットして経験を重ね、状況理解、言語理解の基礎を作り上げていく。数量的概念を構築する前提として、視覚、触覚は重要な役割をすると考えられる。聴覚も、聴覚運動の協応によるリズム運動は非言語的な数の学習に含まれるという考え方もある。子どもは数を理解する以前に非言語性の数量的な概念を学習することについては、ピアジェをはじめとして多くの研究がある。LDの領域では、マイクルバストも計算障害の子どもの治療教育の過程で、非言語性の問題に気がついたと述べている。

　算数は一般の子どもたちにも最も困難な教科であるが、算数障害の子どもは、聴覚性言語（話しことば）、読み・書きに問題はなく、数の数唱もできるが、計算の意味がよく理解できず、計算は記憶して暗算で答を出してしまう。日常生活に用いる物品の長短がわからず、例えばクレヨンをそれより小さな箱の中に並べようとする。また大きさの理解（ケーキを半分に切った時どちらが大きいか）、多い少ないの理解（7個と5個のチョコレートのどちらが多いか）など、ことばでは長い短い、大きい小さい、多い少ないを用いていても、実際に実感として理解できていない。聴覚性認知能力が高く、聴覚性記憶もよいので、周囲は算数の障害に困難があるとは考えなかった子どもたちである。

日常生活の中では幼児期から，ことばでは，7個と5個とでは7個の方が2個多いとはわかっている。しかし実際にはわかっていない。周囲はそれを性格がおっとりしているから，あるいは一人っ子のためと考えていたケースがある。

　ルーケは社会的適応に問題を持つ人たちの中に非言語性の算数障害があると指摘している。非言語性の算数障害は計算よりも図形でつまずくことが多い。正しく書く学習ができていないと筆算も苦手であり，けた数の多い筆算は混乱し，時間がかかる。これらのLDは漢字が正しく書けないなどの重複した学習上の困難を示す。

　これに対し，言語性のLDは記号としての数字は理解していても，数字の持つ数概念の理解ができていない。したがって，数唱はできても数える対象と一致しない。これは一般の子どもたちにも数を学習する段階で一過性にみられる。

　数の学習もことばの学習と同様に，非言語性の経験を重ね，数量的意味の理解と数量をことばで表現する音声とを学習することである。単なる数唱は逐語読みに等しい。したがって，算数障害の中には数の意味が非言語的に理解できていないLDの子どもがいる。このタイプの子どもたちは簡単な計算はできても，応用問題，日常生活の中での数の操作が困難である。

　高機能自閉症の中には，幼児期より数字に高い関心を示し，高度の計算力を持ち，数についての高い記憶力を持つ例があるが，日常生活の中での数の意味が理解できていない。例えば，一定の金額で何人分かのケーキを用意したり，プレゼントを計画するなどが困難である。あるいはチョコレートとクッキーを人数分に分配するなどでも同様である。

　執着的に数に関心を持ち計算能力の高い高機能自閉症はLDとしての算数障害とは異なり，障害児としてその治療を考えなけれ

■図5-2 言語性LD（VLD）と非言語性LD（NLD）

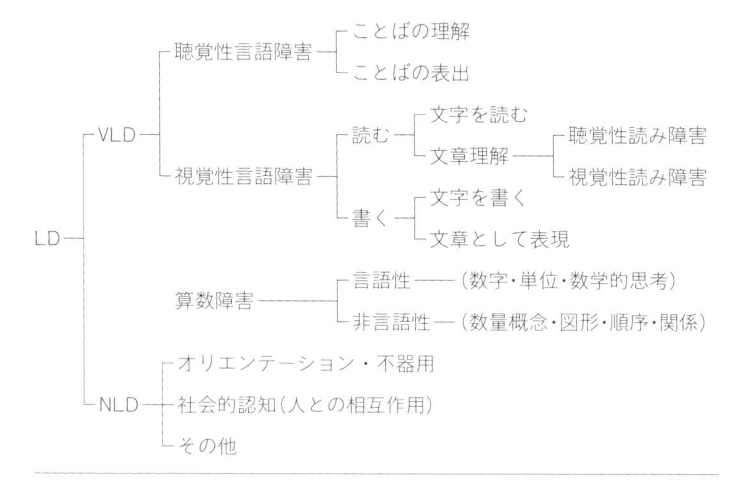

```
LD ─┬─ VLD ─┬─ 聴覚性言語障害 ─┬─ ことばの理解
    │       │                   └─ ことばの表出
    │       │
    │       ├─ 視覚性言語障害 ─┬─ 読む ─┬─ 文字を読む
    │       │                   │        └─ 文章理解 ─┬─ 聴覚性読み障害
    │       │                   │                      └─ 視覚性読み障害
    │       │                   └─ 書く ─┬─ 文字を書く
    │       │                            └─ 文章として表現
    │       │
    │       └─ 算数障害 ─┬─ 言語性 ──（数字・単位・数学的思考）
    │                    └─ 非言語性 ─（数量概念・図形・順序・関係）
    │
    └─ NLD ─┬─ オリエンテーション・不器用
            ├─ 社会的認知（人との相互作用）
            └─ その他
```

ばならない。

　算数は教科の中の主要科目であり、親の関心も高い。就学前の子どもにとって、日常生活の中での数概念の発達に関連する経験は大切である。言語的な数字から入る学習はなかには無理な学習を強制する結果となるし、また特定の執着的な関心を持つ子どもにとっては能力を歪ませる結果となる。発達性計算障害は発達性算数障害としてLDの治療教育に位置づけられたが、LDの算数障害は学年を下げて教えればよいのではなく、認知能力の個々のタイプにより個別教育計画（IEP）による教育支援が必要となる。

(4) 非言語性LD

　近年、非言語性LDについての関心が高まっているが、教育領域では、非言語性の概念は言語性LDの治療過程で問題となって

きた。読み，書き，算数の学習の発達段階で非言語性の学習に偏り，障害の既往が見出されることが少なくなかった。LDの子どもは幼児期より，方向性，左右，順序，協応運動の困難，バランス，注意集中困難，対人認知の偏り，状況理解，社会適応に問題を持つ傾向がある。また，自立までの学校生活の中で，読み，書き，算数のアカデミックスキルが社会生活をするまでの効果をあげたとしても，非言語性の問題が自立を困難にさせたり，社会的不適応を起こさせている事実が報告されるようになった。ルーケは高学歴で資格をとっても，社会的適応が困難であった例を報告している。

これらのLDはアカデミックスキルが低いために，思春期の不適応行動ならびに社会的自立の困難を生じているのではなく，非言語性の問題が社会的不適応の原因となっている。アカデミックスキルの問題で自立が困難な障害は，LDではなく知的障害が最も多い。

近年，アメリカやヨーロッパでは思春期の非行，非社会的行動を持つ人たちの中にLDの頻度が高いという報告が多く，LDをアカデミックスキルの問題としてのみでなく，幼児期，思春期の発達の視点より対応しようとしている。元々アメリカでLDが社会的関心を集める結果となったのは，思春期の不適応，社会的自立の困難が背景にあった。

LDの子どもたちは障害児とは異なり，社会の中でその子の持っている偏り，歪みを認識されにくい。特に非言語性のLDは言語的には一見問題を持たず，知能検査では高く評価されている人たちも多い。しかし，非言語的な状況の理解が悪く，言語能力に比較して集団の中で行動できないので周囲から理解されにくい。非言語性LDの子はことばをたくみに用いるだけに，その行動の粗雑さ，不器用さ，整理整頓の悪さ，ぐず，忘れ物，多動，注意

集中困難などで先生を困らせる子どもでもある。しかしこれまでは努力のたりなさ，しつけの問題とされてきた。同年の子どもからは仲間はずれ，いじめの対象となる子どもである。知的に低いわけではないだけに自尊感情も強く，ありあまるエネルギーを焦点化しにくいLD児は，学校でも，時には親にも理解しにくいといえる。

4) 就学前のLDの状態像

　言語性に問題を持つLDは，就学前には読み，書き，算数の教科の問題としては症状にならないが，就学前までにことばの問題は解消しているとされた例で，内言語（ことばの理解）の発達，始語の遅れ，語彙の増加の遅れなどの問題を持っていたケースがみられる。

　しかし，対人認知もよく，状況理解もできるし，運動能力にも大きな遅れがない場合は，人と文のかたちで話ができなかったり，物語を聞いたり本を読むことに関心を示さなくても，落ち着きが出てくれば変わるのではないかと期待してしまい，また男の子の場合は男の子の特性として納得してしまい，就学までことばの遅れに気がつかない例をしばしば経験する。

　このような症状を持ち，低学年で学習上の問題が見られても，4年生を過ぎる頃から発達が統合されてくる子どもたちがいる。いわゆる発達性のLDである。しかし，幼児期までの発達段階でLDと診断できる子どももあれば，診断の困難な子どももある。この中で最も多いのが境界領域知能，軽度知的障害であった。近年ではLD，ADHD，高機能自閉症，アスペルガー症候群の高機能のグループである。しかしまだ，医学，心理学，教育領域の見解が一致していない。

　このような子どもたちは乳児期から何らかの症状を示している

といわれている。LDの原因について，障害児としての脳障害ではないが，何らかの脳の機能障害が1950年代から示唆されてきたが，近年の脳神経科学，神経心理学では視覚刺激，聴覚刺激，あるいは他の感覚刺激によって，その反応の特異性が明らかにされつつある。これらの微細な障害が生物学，生理学の視点より検討されようとしている時代に入り，早期からの対応，支援が求められ，乳幼児期の支援の必要が望まれている。軽度発達障害を持つ子どもたちに求められるのは診断評価が目的ではなく，早期から発達の特性を親をはじめとし，保育園，幼稚園の担当者が理解し，その発達の個人差を納得することである。そうしないと，子どもの偏りを助長する結果となったり，他の子どもからずれている点を矯正しようとしたり，無理な訓練，学習を強制することになり，子どもの発達を歪める。

　LDは健常児といわれる一般の子どもにも連続する問題でもあり，子どもは低年齢であればあるほど，発達の個人差は大きい。これらの子どもたちを1回の評価で診断するのは時としては危険であり，むしろLDのリスクを持つ子どもであれば，健常な一般の子どもを含めて人としての基本的な能力を学習させていく必要がある。運動能力，感覚器官の発達段階に合わせた健康管理（視覚・聴覚・味覚・臭覚・触覚など），体を動かして経験する学習を計画する。豊富な経験を持たなかったら言語的な分類の枠ができても，マニュアル的な解釈しかできない子どもに育つ可能性がある。言語発達の土台になっている非言語性の経験は乳児期，幼児期，学童期へと培われていくものであり，偏った高い能力のみを伸ばす教育はLDの子どもたちにはむしろ問題でもある。

　神経心理学的なLDに始まった教育は，LD周辺の子どもをもLD教育の範疇に入れてLD教育を再検討する時期に入ってきている。

幼児期前期には非言語性LDであった子どもが学童期は言語性LDとなり，なかには非言語性を重複したり，思春期になっても非言語性の残遺を示すなど，多彩な症状を示す。これが発達過程にある子どもの特性であり，成人と異なるところである。小学校で生じる学習の問題は幼児期に連続したものであるから，幼児期の問題を前提とすることが必要で，読み障害，書き障害，算数障害，ADHDのみを治療，訓練の対象とするのはLDならびに軽度の障害には対症療法的教育になってしまう場合もある。

III ADHD（注意欠陥／多動性障害）

1) ADHDとは何か

子ども特に男の子は落ち着きがなく，周囲をハラハラさせる傾向がある。知的に低くなければ家庭でのしつけの悪さが指摘されたりしてきた。だが発達に従って落ち着いてくる例をしばしば経験する。

日本ではLDの概念が学習障害の用語で定着し，これらの子どもたちに関心が向けられた1980年頃は，LDではないかと心配して相談に来院する親に子どもの落ち着きのなさや，多動について質問しても，親にADHDの概念がないので，ただ元気でとびまわっている子どもから目がはなせないとか，教室で席に落ち着いて座っていないという見方はあっても，問題性のある行動とは考えられていなかった。概念が定義されずに用語が使用され，混乱していた時期である。

その後LD，ADHDなどの用語は急速に日本の教育・社会に定着した。親，教師にとって困る問題とされているADHD（注意欠陥／多動性障害）についてDSM-IVを引用する。

■注意欠陥／多動性障害
Attention-Deficit/Hyperactivity Disorder

(1)か(2)のどちらか：
(1) 以下の**不注意**の症状のうち6つ（またはそれ以上）が少なくとも6カ月以上続いたことがあり，その程度は不適応的で，発達の水準に相応しないもの：

不注意
- (a) 学業，仕事，またはその他の活動において，しばしば綿密に注意することができない，または不注意な過ちをおかす。
- (b) 課題または遊びの活動で注意を持続することがしばしば困難である。
- (c) 直接話しかけられた時にしばしば聞いていないように見える。
- (d) しばしば指示に従えず，学業，用事，または職場での義務をやり遂げることができない（反抗的な行動または指示を理解できないためではなく）。
- (e) 課題や活動を順序立てることがしばしば困難である。
- (f) （学業や宿題のような）精神的努力の持続を要する課題に従事することをしばしば避ける，嫌う，またはいやいや行う。
- (g) （例えばおもちゃ，学校の宿題，鉛筆，本，道具など）課題や活動に必要なものをしばしばなくす。
- (h) しばしば外からの刺激によって容易に注意をそらされる。
- (i) しばしば毎日の活動を忘れてしまう。

(2) 以下の**多動性―衝動性**の症状のうち6つ（またはそれ以上）が少なくとも6カ月以上持続したことがあり，その程度は不適応的で，発達水準に相応しない：

多動性
- (a) しばしば手足をそわそわと動かし,またはいすの上でもじもじする。
- (b) しばしば教室や,その他,座っていることを要求される状況で席を離れる。
- (c) しばしば,不適切な状況で,余計に走り回ったり高い所へ上ったりする(青年または成人では落着かない感じの自覚のみに限られるかも知れない)。
- (d) しばしば静かに遊んだり余暇活動につくことができない。
- (e) しばしば"じっとしていない"またはまるで"エンジンで動かされるように"行動する。
- (f) しばしばしゃべりすぎる。

衝動性
- (g) しばしば質問が終わる前にだし抜けに答えてしまう。
- (h) しばしば順番を待つことが困難である。
- (i) しばしば他人を妨害し,邪魔する(例えば,会話やゲームに干渉する)。

多動性ー衝動性または不注意の症状のいくつかが7歳未満に存在し,障害を引き起こしている。

これらの症状による障害が2つ以上の状況において(例えば,学校[または仕事]と家庭)存在する。

社会的,学業的または職業的機能において,臨床的に著しい障害が存在するという明確な証拠が存在しなければならない。その症状は広汎性発達障害,精神分裂病,またはその他の精神病性障害の経過中にのみ起こるものではなく,他の精神疾患(例えば,気分障害,不安障害,解離性障害,または人格障害)ではうまく説明されない。

2) 発達段階で見られる ADHD

　子どもは発達により行動が変化していく。歩き始めた子どもたちはバランスがとれずに転びやすい。2歳6か月頃の幼児は、自分をコントロールする力が十分でないので、刺激に過反応し、動き回る。

　3歳になるとことばで自分を表現し、自己主張もできるようになる。状況を理解する能力も備わってくるので、幼児は急速に変化し、いわゆる無意味に動き回る行動が少なくなってくる。この発達には性差があり、経験的に女の子は育てやすいとも、男の子だからしばらくは仕方がないともいわれてきた。

　しかし、決して知的に遅れてはいないし、わかりが悪くはないとみていた子どもの中に集団（保育園、幼稚園、遊び仲間）の中で他の子どもと落ち着いて一緒に行動できない子がいることに気がつく場合がある。同年の子どもたちに関心がないわけではないのに仲間と遊べないし、一人勝手に動き回り、時にはドアの開く音、車の音、人の出入りなどに刺激されて反応してしまう子どもである。

　多くは小学校入学の頃には状況を理解して自分をコントロールできるようになる傾向があるが、なかには入学式から親をハラハラさせ、先生方に要注意とされる多動の子どもがみられる。このような子どもたちでも1学期が終わり、夏休みを過ぎると変化がみられ、1年後には普通に成長している事実に気がつく場合もある。

　教室から飛び出したり、席に座っていられず教室の中を歩き回り、多くの子どもたちを巻き込んでいた子どもも変わってくるのである。親や教師を悩ましていた子どもの行動に変化が見られるのは中学年の4年生頃である。小学校卒業の頃には小学校在学中に一番よい方向に変わった子どもと評価された ADHD の LD も

あり、現在立派な社会人に成長し、IT関係のスペシャリストになっている。

有能な社会人の中にADHDの残遺症状を持つ人たちもある。発達が統合され、セルフコントロールの動機づけが効果をあげ、エネルギーが焦点化されれば、刺激に反応するエネルギーを持つ有能なそして個性的な人材に成長できる。

どこまでが発達の個人差の範疇であり、異常に連続するADHDは何かを、親、教師、指導者は発達を前提に自立の時期をひとつの目標として考えてみる必要がある。子どもの発達の個人差についての理解が十分でないために対症療法的あるいは訓練・制裁的な方法をとることは、自尊感情の強い子どもを抑圧し、その反動として攻撃性を生じさせるなど、子どもの人格の発達に影響し、二次的な問題の誘因となる可能性がある。

3）医学領域とADHD

発達は生物学的要因を無視できない。ADHDは医学、発達臨床、教育のどの領域でも性差があり、男子に高く女子に低い。文化が異なっても、出現頻度が男子に高く性差がある点では一致している。ADHDをはじめ認知能力、運動能力の特性には家族性がある事実も知られている。

DSM-Ⅳ（1994）は、前述のようにADHDの症状の3要因として不注意、多動性、衝動性を挙げているが、これはADHD、LDの概念やその治療、教育的対応が確立されていなかった時期に用いられていた用語である微細脳障害（MBD）の行動上の主症状であり、障害児の範疇には入らないが周生期の異常などによるリスクを持った子どもたちにみられる主症状とされてきた。このMBDのもうひとつの主たる症状である認知能力の偏りが、現在の教育支援の対象としてのLDに位置づけられたという歴史が

ある。

　その意味では，LDやディスレキシアがADHDや協応運動困難とも重複する原因は，これらが同じ原因による症状でもあることを示している。したがって長期にわたって経過観察すると，その症状が重複したり消失していく経過を経験する。

　また，幼児期にADHDや協応運動困難，学童期にLD症状を示していた子どもが思春期にてんかんの発作を発症する例がある。脳機能の障害を否定できないだけに小児科，小児神経科との連携が必要となる。周生期に異常のあった乳児，低出生体重児，運動発達に遅れがあった子どもは，小児科の経過観察にあるので，早期からの親の支援，保育指導のためには医学領域とのチームアプローチは大切である。

　ADHDの中には薬による治療を必要とする例もあり，医学領域にとっても行動観察，検査の情報は治療の上で有効である。

　ADHDは全児童の5〜10％あるいはそれ以上との報告も，専門領域の報告者によって異なる。すべてのADHDに医学的治療が必要なものではない。例えば脳炎後遺症に見られるADHD，自閉症のADHDは専門家がみても親がみても異常な症状であるが，軽度のADHDは男の子であれば発達性の場合もあり，軽度のADHDの方が診断は難しい。周生期からの発達経過，他の症状との重複，けいれんなど神経学的症状の有無，家族性などについても専門的な立場からの詳細な生育歴の検討も必要となってくる。

　また環境性にADHD的症状が生ずる場合もある。弟妹の出生，父母の別居，離婚などの環境は子どもにとって危機的な状態の中での生活であり，不安，緊張が落ち着きのない集中困難な症状として現れ，保育所，学校で観察される。これらの子どもたちの多くはADHDの既往を持たないので，心理的，環境的要因で

発症したものと考えられる。このような精神心理的な誘因により生ずる落ち着きのなさはADHDとは異なるものである。

一方，ADHD，LDの個人の特性と環境要因との関係は相互に関連するので，その診断は診察室，相談室の中で簡単にできない場合がある。虐待の対象になる子どもたちの中に，低出生体重児が報告されている。ひとつには母子関係の臨界期に母親と離れて，保育器の中であるいは感染防止のために隔離された部屋で育った時期の問題として挙げられる。出生と同時に母子が長期にわたり離れることがその後の発達に与える生物学的適正や心理学的影響については多くの研究者の意見が一致している。

最近では母乳を母親の手により搾乳し，母親の手で低出生体重児である乳児に与えることが配慮されるようになり，早い時期に母親のもとに退院できる時代に入ってきた。近年の医学の進歩は，超未熟児といわれた1,000g以下あるいは500g以下の低体重児でさえも，障害児としてではなく保育所や学校，高校にも入学できるようにしてきた。医学の進歩は多くの子どもの命を守ってきたといえる。

しかし，これらの子どもたちが健常児の範疇に入ってもリスクを持っていることは否定できない。健常児の範疇に入った低出生体重児の多くにADHD，LD，視覚認知，協応運動の困難など，かつての障害児の問題とは異なる症状がみられる。

親は生命をとりとめた子どもに喜びを持つが，大きな発達の遅れもなく運動発達もことばも他の子どもとあまり差がなくなってくると，落ち着きのなさ，不器用さが親にとっては困る問題となり，親を疲れさせる行動となる。虐待児の中に低出生体重児などリスク児の頻度の高い理由の中にこの行動特性が挙げられている。

実はこのようなリスクを持った子どもたちほど周囲が安定して

その発達を見守る必要があるのに、現実は育児が難しく、支援のあり方が十分ではない。障害児の枠にも一般の健常児の枠にも入らなかったADHDの子どものモデルがこれまで存在しなかったからともいえよう。これらの子どもたちの多くは、かつては生存しても脳性麻痺、知的障害、視覚障害あるいは重複障害の子どもとして育っていたといえる。

ADHDはこのような新しい問題を持つ子どものひとつのモデルであり、性差が明らかな問題である。定義によっては発生頻度が男子対女子で10対1ともいわれる以上、男の子の問題として、教育領域は認識していかなければならないともいえる。

Ⅳ 協応運動困難

ここで取り上げる協応運動困難は、近年、教育領域、発達臨床で、不器用児（clumsy child）の用語で関心を持たれてきた子どもである。

不器用児は、運動障害を持つ脳性麻痺とは異なり、歩く、走る、登るなどの粗大運動は同年の子どもたちに劣りながらも訓練治療を必要とするほどの障害ではないが、微細運動といわれる指の操作、話しことばを表出するための協応運動、書くための視覚・運動の協応には困難を示すタイプである。協応困難は日常生活に影響する。指先で小さなものをつまむ、箸を使う、ボタンをはめる・はずす、鋏で紙を切るなどが苦手であり、保育園、幼稚園では折り紙、絵を画く、鋏やノリを使って作品を作るなどの仕事がよくできない。協応運動困難の子どもは動きが鈍く、リズムを必要とする行動も下手である。幼児期では片足とび、スキップ、なわとびが年齢相応にできない。知的に遅れていない子ども

であれば，言語的能力は高いので，親は問題としない傾向があるが，集団の中では行動ができにくい。

　不器用児の中にはアウトプットであるスキルのみの問題ではなく，視覚認知・運動の協応が困難なために症状が生じていて，状況を理解して行動することができにくく（例えばルールのある遊びの状況判断が敏速にできず，行動が遅い），仲間はずれにされたり，いじめの対象となりやすい子どもがいる。また整理整頓ができずに周囲に迷惑をかけたり，忘れ物が多く，問題児となりやすい。知的に低くないので，だらしがない，約束を守れないなどの評価を受けやすく，親からみても日常生活に手がかかり叱られる回数の多い子どもである。本人も自分の能力についての評価はできるだけに，幼児期より傷つくことが多く，人格の発達に影響を与える。

　不器用児にも性差があり男の子に多いが，ADHD，LD に比較すると女子にもみられる問題であり，一般には女子に厳しい傾向がある。

　視覚・運動の協応困難な子どもは就学すると書く学習に困難を持つ傾向がある。書字障害である。読解は高い能力を示しても，漢字の書き取りは困難であり，暗算はできても筆算に困難を持つ。しかし，聴覚性言語の発達に問題はなく，知的に高い子どもであれば，高学年になればパソコンの使用が一般化した日本では漢字による書字障害は少なくなると考えられる。

V　知的境界領域

1）知的障害

　知的障害は，精神薄弱，精神発達遅滞，知能障害などともよば

れ，各関連領域，時代的背景によって用語が一定していない。しかし，最も一般的な障害であり，古くから知られ，障害児としての歴史も長い。

DSM-Ⅳは，「精神遅滞」を以下のように分類している。

軽度精神遅滞　　　　　IQ レベル　　50-55 からおよそ 70
中等度精神遅滞　　　　IQ レベル　　35-40 から 50-55
重度精神遅滞　　　　　IQ レベル　　20-25 から 35-40
最重度精神遅滞　　　　IQ レベル　　20-25 以下
精神遅滞，重症度は特定不能　　精神遅滞が強く疑われるが，その人の知能が標準的検査では測定不能の場合（例：あまりにも障害がひどい，または非協力的，または幼児の場合）。

知的障害については，教育支援も早くから教育行政の中に位置づけられ，障害児として認定もされ，医療から教育，福祉へと支援体制は充実してきている。ここでは，知的障害の枠には入らない，ちょうど健常児と障害児のはざまにある知的境界領域児の問題とその支援について述べる。

2）知的境界領域とは

知的境界領域は，知能テストでは一般の健常児の範疇に入る対象である。測定基準として用いられる心理検査の IQ（知能指数）は，WISC-Ⅲでは境界領域 IQ を 71〜79 としている。広く診断のマニュアルとして用いられる DSM-Ⅳでは，知的境界領域ということばは IQ が 71〜84 の範囲にある時に用いるとしている。DSM-ⅣにおいてIQ84 は平均より－1 標準偏差を外れる値であり，一方で，WISC-Ⅲは 80 以上を正常範囲としている。IQ71 が軽度知的障害に連続する指数である点では一致している。

標準化された心理検査の理論的数値としての境界領域を臨床的に－1標準偏差値内に設定するか否かについて，またLDの基準をWISC検査ではどこに設定するかについては，LDの定義とも関連する問題であり，アメリカでは論議があった。例えば，全検査IQが84以上あるいは言語性IQ，非言語性IQのいずれかが90以上がLDであるとする立場である。すなわち，LDでは何らかの高い能力が軽度の障害あるいは偏りへのバイパスを作るてがかりとなり，学習を可能にするという仮説に基づいているからである。

　したがって，知的障害児の場合も，偏りがあっても，知的障害に共通するプログラムが効果をあげるとする立場である。例えば認知能力の中でアンバランスに高い能力があっても，その高い方の能力だけではバイパスを作ることが困難であり，知的障害を対象とするプログラムの中で自立を支援する方向に発展させるのが大切であるとする。

　その意味で，心理検査で境界を示すケースの中には，臨床的に問題を持ち，早期からの配慮を必要とする子どもたちが存在するからである。

3）知的境界領域児の臨床的問題

　標準化の理論に基づいた心理検査はその妥当性，信頼性が検定されている検査であり，有資格者によって検査された結果は予備検査として使用されるスクリーニングとは異なるものである。

　しかし条件をみたした検査者により評価された結果でも，再検査してみると，前の結果と異なる例がある。以下そうした例を挙げてみる。

　1．長期に経過観察をすると，発達するにつれてLD，ADHD

が個性の範疇に入る，予後のよい LD，ADHD がある。
2. 発達段階により学年が進むと，本来の障害が明確となる場合がある。本来高い知能傾向を持つ知的境界領域児で高機能広汎性発達障害（PDD）を持つとされた子どもの中には，IQ80 以下であっても WISC-III で 90 以上の評価をされる例もある。対人認知，社会認知の発達は WISC-III の検査結果との相関が低い。
3. 幼児期に表面化しなかった脳障害の進行により，高いレベルを示していたにもかかわらず知的障害に移行する例がある。ADHD と重複していた。
4. ADHD の子どもの中には WISC-III 検査で低学年から高い評価をされる者も少なくないが，就学前は境界領域の知能レベルを示すものは多い。これらの ADHD の多くは ADHD がコントロールされるにしたがって境界領域知能から平均範囲，あるいは高機能に入っていく例もある。したがって，ADHD を伴う知的境界領域児は経過観察が必要である。ADHD は刺激に過反応する傾向があり，適切な刺激をインプットをすることが困難である。このタイプの ADHD では ADHD へのコントロールの発達が認知の発達，社会的適応に影響を与える。

4) 安定した知的境界領域児

いわゆる心理検査理論では健常児の範疇にある境界領域知能を持つ子どもは，乳児期，幼児期，学童期も安定した検査値を保持する傾向がある。

社会性もよく，学習意欲もある子どもたちの多くは家族，社会の支援により，社会的自立も可能となる。対人認知もよく，社会に適応する能力も持っている。知的境界領域であったら，遅れが

ちな言語性学習にのみ焦点を当てないで将来の自立を目標として，持っている能力を評価する周囲の支援が大切である。

　エネルギーもあり，顕示性もあり，人と行動する欲求の強い知的境界領域児の場合は，特に情緒的に安定できる環境が大切である。他の子どもより劣っている能力を努力でカバーするプログラムは本人にとって精神的負担となる場合もある。

5）環境性・発達性の問題

　知的能力として一般化している認知能力は，遺伝子の中に組み込まれている生物的な側面と環境との相互作用によって開花していくものといえよう。

　子どもについての報告は発達に与える環境要因の重要性を示唆している。新しい問題としては，近年虐待される子どもが社会的な関心を集めている。虐待を受けて育った子どもは精神心理的な後遺症を持つのみでなく，発達に対応した適切な刺激を与えられなかったり，経験が局限され歪んだ中で生活してきたため，発達への影響の配慮が必要と考えられるようになってきた。環境との相互作用の中で発達する認知能力は粗大運動，微細運動に比較してその影響が大きい。

　人との関係を理解するのが社会認知であり，言語の発達である。虐待されていた子どもは，発達の時期，程度，家族関係により異なるが，発達に対応した適切な刺激を人を通して学習できなかった子どもともいえる。

　虐待されていた子どもも，環境が調整されれば，急速に統合されることが多い。したがって，施設入所時に知的境界領域と評価されても，ケースによっては短期間に境界領域の範囲を超える例もあり，長期の経過をみていく必要がある。

　発達の未分化な低年齢は知能テストで評価される能力が限定さ

れるので，同年齢のグループの中での行動，環境要因などの背景をあわせて検討する必要がある。

急速に変化している時代の中で育つ子どもたちにとって家族を核とする環境は決して同じではなく，親たちの生活も多様といえよう。虐待が問題となる反面，仕事を持つ母親の増加により乳児保育をはじめとして，保育所での子育てが占める役割は大きくなり，虐待の早期発見，親への支援が積極的に行われる時代に入ってきている。

VI 高機能グループ：LD, ADHD, 高機能自閉症, アスペルガー症候群

1）高機能グループについて

知的に高いという評価は，教育領域でも親にとっても，子どもの将来をプラスに考える上でのひとつの試金石であった。しかし，知能テスト，アカデミックスキルといわれる読み，書き，算数を主とする評価の信頼にかげりがみられるようになったのは，いくつかの原因があるといえよう。そのひとつに1960年代よりクローズアップされ，今のLD教育の原点になった発達性ディスレキシア（読み障害）をはじめとする書字障害・算数障害の子どもたちがあげられる。知的には決して低くはない，障害児の概念に当てはまらない子どもたちであり，中には特異な高い能力を持つ子がいることもたしかである。しかもその中には，成人して，持っている高い能力により社会に貢献している人たちもいた。これらの高い能力を持ったタイプは高機能LD（gifted LD）ともいわれたが，決して社会的適応がよかったわけではない。むしろ，非言語性の問題で状況理解が困難であったり，ADHDの重複，

不器用，対人認知の発達の偏りのために，同年の集団の中で仲間はずれ，いじめの対象となり，二次的な情緒の問題が取り上げられるようにもなった。

1980年代に入ると，情緒の障害が原因とされてきた自閉症は，認知，言語の神経心理的症状として治療的対応の転換がなされ，認知障害としての治療，教育への関心が高くなった。当時，カナーと同時代に小児科医であったアスペルガーによって書かれた論文が，英文で紹介され（Wing, 1981），社会的不適応を生ずる高機能の自閉的障害と，言語性能力は高いが社会的不適応を示すアスペルガー症候群が社会的関心を集めた。非言語性の下位タイプとアスペルガー症候群，非言語性LDの下位タイプと高機能自閉はまだコンセンサスを得ていない今後の課題である。

心理検査による分類法であるIQで評価すると，高機能グループ，すなわち，LD，ADHD，不器用児（協応運動困難），高機能自閉症，アスペルガー症候群は知的障害児ではない。また高機能にも認知能力の偏り，個人差があり，運動障害，感覚障害など，かつての障害児の概念とは異なるタイプの問題で，どこまでを高機能と定義するかで議論がある。

これらの症状を幼児期，低学年まで持つ子どもの中に，成人すると高い専門的能力とエネルギーを持つ人たちもあるし，明らかな自閉症の症状が顕著となり，社会適応が困難になり，障害者の範疇に入る人たちも存在する。

思春期，成人期に鬱障害と診断される症例もある。

性差があり（男子に高く，女子に低い），特にADHDは男子に多い傾向があるので，生物学的，神経学的原因を無視できない。また，家族性についても報告されている。

2) 高機能グループに対する支援

　知的に高く学業成績がよいと、子どもたちの発達予後はよいと考えられた時代は過ぎた。

　改めて、知的に高いというIQの評価が、子どもの身体発達に対しての精神発達を示すものであるかどうかが問われている。特に低年齢、就学前の幼児期ほど個人差の幅が大きい。(ちなみに、性差もひとつの個人差であり、LD、ADHD、自閉症の性差については知られていても、健常児といわれる一般の子どもたちの性差については教育、心理ではあまり大きな問題としていない。問題行動といわれる夜尿、頻尿、チック、構音障害、吃音も男子の出現率が高く、これは小児科では常識となっている。)

　ADHD、LDが虐待の対象になりやすいことも報告されている。また周生期にリスクを持った子どもたちの頻度が高い事実も受けとめ、レッテルをはるのではなく早期より母子の支援がされなければならない。これらの子どもたちは育てにくく、障害児の範疇に入らない子どもだけに親もとまどい子育てに自信を失う例も少なくない。

　高機能グループの中には、認知能力の片寄りや行動上の問題であるADHD、不器用さを重複する場合があるのは当然であり、それぞれの診断名で治療や訓練が対症療法的に行われる傾向がある。明らかな医学的な治療を必要とする高機能のてんかん、脳障害後遺症、異常なADHDなど脳障害に起因する症状であればともかく、発達性の範疇に入る行動もあり、安易な診断は親に不安を与える。乳児期からみられる対人認知の発達の遅れ、執着、ADHD、異常に過敏な感覚(視覚・聴覚・触覚・味覚・嗅覚)反応を持つ高機能な子どもについては、専門機関の受診と経過観察が必要であり、早期より文字への関心・数字の記憶が高くても上のような特徴がみられれば問題である。

乳幼児期は，発達が未分化で環境の差があるので確定診断が難しい場合もある。高機能認知能力の偏り，個人内差を示す子どもたちの予後は小学校中学年までにLD，ADHDと診断されても健常児の範疇に入っていく場合もあるし，発達に伴って対人認知の障害が顕著となり健常児の範囲を逸脱する高機能自閉症，アスペルガー症候群もある。

　早期の確定診断が難しい高機能グループの育児支援に当たって，共通に配慮しなければならないのは次のようなことである。

　まず，これらの子どもたちは，全体的な能力の発達のバランスがとれている同年のグループに比較するとマイノリティであるといえる。しかし，健常児の範疇にまで拡大すると幼児期でその比率は2～3％と決して少ないとはいい難い。これらの子どもたちは，睡眠の問題，偏食，アレルギー，自律神経失調など過敏な体質である場合もあり，育てにくいともいわれる。したがって，集団の中でも適応が難しい傾向があり，緊張も高い。対人認知がよい高機能のこれらの子どもたちは自己認知も悪くないので，集団の中で円滑に行動できない自分に傷つき，不安，緊張が高く，情緒的に不安定となる。対人認知に問題を持つ場合は，集団の中で自分の行動を制限されることが強い抑圧となり，攻撃的になったり自傷行動を示したりする。情緒的に不安定になりやすいこれらの子どもたちへの支援はそれぞれに異なるので，親，保育者への子ども理解のための支援，指導が大切である。

　次に，高機能スペクトラムに入る認知能力の偏り，個人内差を持っている子どもの親の多くは，集団の中で他の子どもたちと行動できなかったり，仲間はずれにされても，他の子どもの持たない高い能力を持っているのでその能力を伸ばすことが自尊感情を持たせるために必要と考える傾向がある。早期より学習塾に通ったり，通信教育で親が教えるなど，その範囲は漢字，計算，外国

語からコンピュータにまで及んでいる。限局した高い能力は，時には強迫的な執着でもあり，このような学習は経験の偏りをより狭くする結果となり，健常範疇に入る可能性を持っている子どもをも歪める結果となる。このような対応は健常児といわれる一般の子どもたちも同じである。

　最後に，高い能力，低い能力にのみ焦点を当てない支援が必要とされる。これらの子どもたちの多くはバランスのとれた運動能力に欠ける傾向がある。日常生活の中では体を使う，手を使う行動がたくさんある。運動のできない子どもにとって歩く，走る，登る，自転車に乗る，体を動かしてルールのある遊びをするのは幼児期，学童期の発達にとって大切な課題である。幼児期からの自立のためのしつけである着脱，ボタンをはめる，箸を使う，自分の身の回りの整理，家事手伝いは，積極的に学習として親がさせるべき課題といえる。

　毎日のこれらの課題は，親が自分でしてしまう方が能率的であっても，幼児期の課題として読み・書き・外国語の言語学習より大切である。1対1の生活の中での行動の学習が基礎でもある。

　子どもの周囲から自然が失われていく都市化された生活の中で，自然の中での生活を意図的に育児支援・教育支援の中に取り入れていかなければならない時代になってきているといえよう。

Q&A

- Q1 知能と知能検査
- Q2 反抗期
- Q3 早期教育
- Q4 多重知能
- Q5 思考スタイル
- Q6 血液型性格・性格の5大因子
- Q7 被虐待児
- Q8 摂食障害
- Q9 常同行動
- Q10 不器用児
- Q11 心の発達
- Q12 整理整頓困難
- Q13 退行現象
- Q14 リスクベイビー
- Q15 性差
- Q16 音楽治療教育
- Q17 性格検査と気質検査，標準心理検査
- Q18 知能検査
- Q19 発達検査

Q1
知能とは何でしょうか。どのように測るのでしょう。

A 「知能」ということばには，「性格」や「感情」などと比べるといっそう重い響きがあります。それはおそらく，多くの人々がいわず語らず次のような直感を共有しているためでしょう。

まず，知能（頭の良さ）はすべての人にとって最も重要な性能であり，それさえあれば，さまざまな成果をあげることができる。兄弟姉妹みな成績が良いとか逆にあまりできが良くないなどの例が身近に多いから，知能は生まれつき（遺伝性）という特徴が強いのではないか。裏返せば，努力や勉強によって代償するのは難しい，それだけいっそう貴重だ……。数えあげるとこのようになるでしょうか。たとえていえば，知能とは精神世界の通貨のようなものと見なされている，こう要約できるかもしれません。

実をいうと，心理学における知能の研究も，上のような直感を純化し理論化する方向に行われてきました。その起源は，ヨーロッパ世界の独特な人間観にまで遡ることができます。ギリシャ時代から，ヨーロッパでは，神人同型説という考え方がありました。神は自分になぞらえて人間を創った，つまり，自然界の生物の中で人間だけが他の生物とは異なる特権的存在だという信念です。当然，人間には，他の生物にはない優れた性能が付与されていることにもなります。感情や意志に似た働きは動物にも認められますが，論理や洞察などの思考的働きは動物には見られません。したがって，思考を司る働き，知能こそ人間の最も優れた性能と見られるようになります。「理性と本能，2つの存在」とい

〈知能と知能検査〉

うパスカルの有名なことばは，この信念を明確に宣言しています。これに対して，クマやシカを友として暮らす金太郎の説話は，対照的信念を示しているというべきでしょう。おそらく，この点は今なお東西の人間観を分ける最も高い境界のひとつです。

現在の知能研究も西欧心理学の枠内で生まれ育ったものですから，当然，以上の人間観が底流には潜んでいます。その結果，知能には，経験的な根拠のまえに，ほとんどはじめから次のような特性が与えられることになりました。例えば，人間の本質をなす精神のさまざまな働きのうちでの優位性または代表性，原初的に（神から）与えられたものとしての生得性，人間はみな等しく同質の知能を共有するという一次元性，これを拡張すればすべての人種や文化にとって共通の価値をなすとする文化普遍性，精神機能中最高位を占めるものとしての独立性（性格や意志とは無関係であり努力や意欲によっては代償できないという性質）などが仮定されたといえます。これらの特質は，最近まで，知能を考える時の前提条件になっていたといってよいでしょう。

しかし，そのままでは知能は抽象的な観念にすぎません。当然，これを形のあるものにし，数字で表したいという考えが生まれます。ギリシャ時代すでに，読み書き能力によって人を選別しようとする試みが行われていたといわれますが，本格的に知能を測定し数量化しようとする企ては，19世紀にイギリスのF. ゴールトンによって初めて着手されました。ゴールトンはダーウィンの従兄弟として進化論に関心が深かった人ですが，さまざまな学問分野に業績をあげた多彩な才能の持ち主でした。当時ようやく脳と精神機能とは密接な関係があることも知られてきていました。ここから，脳の大きさを正しく測ることができれば，知能の高さも間接的に測れるのではないかというアイディアが生まれ，

Q1

史上最初の科学的知能テストが創られたといわれます。

しかし，量は必ずしも質を保証しません。結果からいえば，このテストは明らかに失敗でした。要約すれば，知能の絶対水準を一度に確定しようとする企てが無理だったことになります。この反省に立って有効なテスト作製に初めて成功したのは，これも多才で名のあったフランスのA. ビネーです。彼はパリ市当局の依頼を受け，小学校での学習に困難な子どもをあらかじめ見分けるためのテストを，数年間にわたる苦心の末，20世紀初頭に完成させました。

ビネーテストの原理は，対象児がより年上の子どもにふさわしい課題を解くことができれば，その分進んでいる（頭が良い），逆なら遅れていると考えるものです。見方を変えればまた，同年齢集団の中で対象児の占める序列によって知能の上下を判定することにもなります。ゴールトンと異なり，これは相対的知能観というわかりやすい原理に立っています。

ビネーは，こうして例えば5歳児なら5歳児が普通に解ける（合格率3/4が「普通」の基準）課題を精選し，各年齢相当の課題群をセットにしてテストを完成しました。これらの課題を解かせて，例えば5歳児が5歳相当の課題すべてを正解すれば，その知能(精神)年齢は5歳，6歳相当なら6歳，4歳までしか解けなければ4歳とすることで，知能の上下を判定しようとする仕組みです。知能テストは，本質的には発達テストの一種であることがわかります。

当初，知能年齢（MA）と生活（暦）年齢（CA）とを別々に表示する方式が採られましたが，後にW. シュテルンの提唱によって，この2つを1つにまとめる知能指数（IQ）という数値（MA/CA×100）が採用され，知能の解釈はきわめてわかりやす

〈知能と知能検査〉

いものになりました。IQ100 は，上式によりちょうど年齢相当，これを上回るほど進んでいる，逆に下回るほど遅れていることを示します。

　ビネーテストは遅進児の選別に大きな成功を収めて，急速に世界各国に普及し，また，数多くの研究を呼び起こしました。研究結果の蓄積の厚さは，心理学の諸分野の中で屈指のものといえます。例えば，IQ の統計的分布をとると，いわゆるガウスの吊鐘型曲線を描き，身長などと同様に典型的個人差を示すものとなっているのがわかります。また，IQ の平均は当然 100 になりますが，その標準偏差(σ)はほぼ 15 です（もちろん，テストの種類や年齢により多少のズレがあるので，それを消すようにした偏差 IQ なども工夫されています）。統計学上の知識に照らすと，平均から $\pm 1\sigma$ 以内に約 2/3 の子どもが収まる，つまり子どもの IQ はほぼ 85 から 115 の範囲にあること，IQ に差があるといえるためには 15 以上の違いがなければならない，などがわかります。また，IQ の高さによって普通学級での就学可能性（おおむね 70 以上）に目途がつくなど，さまざまな応用が考えられます。

　一方で，研究が進むと，はじめにあげた知能に対して無条件に付与されていたようないくつかの特性にも疑問が投じられるようになりました。例えば，1980 年代くらいまで IQ の遺伝規定性は 90％くらいという説が優勢でしたが，さらに資料が集まるとそれほど高くはないと考えられるに至りました。また，IQ はゴールトン以来，人種や階層差別のひとつの根拠として使われてきましたが，新しい資料のもとに厳しい批判が提起されています。最も大きい批判は，天才とは超高知能の別名であるといった IQ 万能論や IQ 一元論への批判です（これについては Q&A4 を参照して下さい）。

（藤永　保）

Q2

4歳になったのに，まだ反抗期らしいものは見られませんが，大丈夫でしょうか。

A 反抗期とは，それまでひたすら大人に頼り，甘え，かわいい一方だった幼な子が，次第に気難しくなり，少し気に入らないとダダをこね，親のいいつけをきかなくなる，このような現象や，その起こる年代を呼びます。(詳しくいうと，青年期——中高校生——になって，再び，親や年長者に対して，また慣習的道徳などの社会規範，社会的権威や権力体制などに対しても，強い拒否・反抗・怒りなどの感情が表出され，家出や暴力などの行為に至ることがあります。幼児期の反抗期を第一反抗期，青年期のそれは第二反抗期といいます。)

近年は，どの育児書も反抗期にふれないものはなく，あえて解説の必要もないほど，これについての知識は普及しました。しかし，問題は，現象の理解ではなく，その解釈にありましょう。反抗期のひとつの極端な形は，親の指示の全てに対して「イヤ」とか「ダメ」など全否定の態度を示すことで，一昔前まで「拒否症」と呼ばれてきました。もともとは，negativism ということばの翻訳ですが，幼児に対して「症」は少々大げさすぎます。

この呼び方には，私たち日本人の持つ潜在的な恐れが秘められているのかもしれません。「長幼序あり」という東洋文化の長い伝統のなかでは，おとなしい，ききわけの良い子がひとつの理想とされてきたのに対して，反抗期はまさしく正反対の現象だったからです。

反抗期についての近年の解釈は，幼いなりの自己主張の現れ，つまり自我確立のための社会性発達の一段階とするものが一般的

....〈反抗期〉

で，むしろプラスの評価に傾いているようです。こういう解釈は，もともと個人主義の価値観の高い——その意味では上に述べた日本文化とは対極的な——欧米心理学で作られた観念が輸入されたもので，ここには，やはり大きな時代の変化が痛感されます。そのためか，最近は，標題のように「反抗期がないが大丈夫だろうか」といった質問を受けることも増えてきました。

これに対して，一律の答えはありません。確かに，どんなおとなしい子どもでも多少の自己主張はみられます。反抗期現象の中核にあるのは，そのような仕組みでしょう。しかし，実際に反抗期の実例に当ってみると，早い場合は1歳代でイヤを連発する子どももいれば，3～4歳で初めてみられるようになった例もあります。もちろん，顕著な反抗期はみられなかったのに，それなりに順調に成長している例も少なくありません。

自己主張や自我の確立が大切だという主張を肯定しながら，片方で，他者との協調が第一とか，親のいいつけは無条件に守ってほしいと考える親も少なくありません。反抗期現象は自然なもの，一般的なものという面は確かにある程度認めてもよいのでしょうが，問題はその先にあります。子どものもつ身体的・精神的な強さ，親の圧力の強さ，さらには，親や家族が自己主張をどの程度重要と考えるのか，とりもなおさず，どんな人間が理想なのか，まわりの社会で自己主張はどうみられているのか等々，これらのさまざまな条件の組み合わせによって，反抗期のみかたも変わり，ひいては反抗期をどう望ましい方向に導くきっかけとするかも変わるでしょう。育児書を鵜呑みにするのではなく，頭を柔軟にして対応していく気持ちが大切です。

(藤永　保)

Q3
早期教育には賛否両論があるようで迷ってしまいます。

A 幼児期から学力や技能を伸ばそうとする「早期教育」として、「先取り学習」すなわち文字や算数、英語など学校教科の知識・技能を学習させる、幼児教室や小学校受験の進学教室、通信教育などがあります。また「けいこ事」すなわち芸術（ピアノなど）やスポーツ（水泳など）の技能の訓練があります。

早期教育の肯定論は、教育産業の宣伝文句に表れ、「英才教育」と標榜することもあります。「子どもは学びたがっていて、発達を促す豊かな刺激は早くからたくさん与える方がいい」、「大脳が発達する乳幼児期を逃さず、右脳も左脳も使って能力を開発すべきだ」、「いろんな知能を均等に発達させるために刺激をまんべんなく与えた方がいい」といった主張です。

確かに、文字や計算でも、幼児に教えればいくらでも習得できる印象を持つこともあります。子ども自身が楽しんで自発的に学習するなら、それを無理に止めることもありませんが、「教えれば覚えるのだから、教えるべきである」と考えるのは短絡的であって、好ましくない影響をもたらすこともあります。

まず、その活動自体や学習一般が嫌いになってしまうおそれがあります。最初は意欲的に始めても、また長年続けて上達しても、本人が楽しんでいるとは限りません、上達をせかされたり、同じことを繰り返しさせられて飽きたり、ほかの子と比較されて劣等感を感じたりして、学校の授業や芸術、スポーツが嫌いになることもあります。

また、学習が受動的になることがあります。例えば、計算ドリ

〈早期教育〉

ル学習は、概念を理解しないでも計算手続きの機械的暗記でもできるので、それだけでは数学的思考力は育ちません。ある水準までは誰でも到達可能で、算数・数学などで数年先取り学習する者が多くなっても、特別に数学的才能が育つとは限りません。

さらに、親は情操教育になると考えても無理に続けさせると、子どもにはストレスとなり、情緒の健全な発達が阻害されることがあります。その時期は親の期待通りのよい子で育っても、後に不登校など問題行動として現れることもあります。また、友達などとの遊びの機会・時間が制限され、本来自分の体で体得すべき概念や創造性、他人との遊びによって育まれるべき社会性の発達が阻害されます。

悪影響でないにしても、親の期待と親子の努力がむだになることもあります。ある分野で優秀な幼児が将来も優秀であることはまれです。幼少の時期であるほど、計算や文字・描画・楽器演奏の行動からは、成人後の数学や文学・絵画・音楽の優れた才能の予測は不確かになります。習い事は、親の子どもの将来への先行投資としては見返りが保証されません。早期に習得した技能を維持するためには、その後、長年の学習を継続する努力が必要です。

早期教育肯定論は、「環境を整えれば誰でも努力しだいで才能を伸ばせる」と環境論的に考えます。しかし、実際は知能や才能の素質には個性があり、それを引き出すべき環境も個人によってさまざまなはずです（Q&A4参照）。

結局子ども自身が自分に合った学習を生き生きと楽しんでいる限り有害ではなくても、将来有益であるという保証もありません。新しい分野に子どもが興味を持つかどうか試して可能性を広げる程度に、余裕をもって構える方がいいでしょう。

(松村暢隆)

Q4
頭の良さは一通りではないような気がします。

A 知能（頭の良さ）を測るために，20世紀の心理学で知能検査が考案されました（Q&A18参照）。しかし，知能テストのIQでは知能の一部しか捉えられないという批判が，1980年代からアメリカに起こって，知能の概念を広げる理論が現れました。代表的な理論の1つであるスターンバーグの「知能の三部理論」では，知能は大きく3つの部分から構成され，相互作用すると考えられました。すなわち，頭の中で情報処理を行う部分，それまでの経験に照らして新しい経験に対処する部分，および現実にそれぞれの文脈に応じて適応する部分です。

これら3つのどの部分がよく働くかに応じて，3種の知能が発揮されます。すなわち順に，「分析的知能」（論理的に問題解決や意思決定を正しく行う），「創造的知能」（創造的に問題解決する），および「実際的知能」（日常生活の問題を要領よく解決する）です。3種の知能の高さや使い方には個人差があるので，子どもの得意な知能に応じて学校で教え方，学び方，評価方法を工夫すると有意義です（Q&A5参照）。

学校教育でさらに広く注目され学習の個性化に応用されてきたのが，ガードナーによる「多重知能（MI）理論」です。ガードナーは1980年代に7つの独立した知能（問題解決や創造の能力）が存在するという理論を提唱し，その後1990年代に8つ目の知能（博物的）を追加しました。知能は全体として，次の8つの知能が組み合わさって作用すると考えられます。関係する能力と，カッコ内にその知能を生かした代表的職業を挙げてみます。

〈多重知能〉

1. 言語的知能：話しことば・書きことばへの感受性，言語学習・運用能力など（作家や演説家，弁護士）
2. 論理数学的知能：問題を論理的に分析，数学的な操作を実行，および問題を科学的に究明する能力（数学者や科学者）
3. 音楽的知能：リズムや音程，和音，音色の識別，および音楽演奏や作曲，鑑賞のスキル（作曲家や演奏家）
4. 身体運動的知能：体全体や身体部位を問題解決や創造のために使う能力（ダンサーや俳優，スポーツ選手，工芸家）
5. 空間的知能：空間のパターンを認識して操作する能力（パイロットや画家，彫刻家，建築家，棋士）
6. 対人的知能：他人の意図や動機・欲求を理解して，他人とうまくやっていく能力（外交販売員や教師，政治的指導者）
7. 内省的知能：自分を理解し，自己の作業モデルを用いて自分の生活を統制する能力（精神分析家，宗教的指導者）
8. 博物的知能：自然や人工物の種類を識別する能力（生物学者や環境・生物保護活動家）

なお，「EQ」と俗に呼ばれる「感情的知能」の概念は，MI理論の対人的および内省的知能から着想を得たので，当然これらと共通点があり，さらに共感，思いやりといった特定の価値判断，好ましさが含まれています。しかしMI自体には，実際に良くあるいは悪く用いられるかどうかという価値判断は含まれません。ですから，ガンジーもヒットラーも対人的知能は優れていたのですが，その用いられ方が価値的に両極端に異なったのです。

では個人ごとに異なるMIをどうやって識別（測定・評価）するのかというと，1つだけ正しい方法というのはありません。従来の知能検査のような方法は，言語的知能や論理数学的知能の測

Q4

定に向いていても、他の知能は適切に把握できません。それぞれの知能はさまざまな現実の課題解決や創造の活動の中で発揮されるのですから、子どもの学習活動の観察が MI 識別の最適な手がかりとなります（なお知能と同様に創造性も、どの領域でも高いのではなく、誰でも特殊な領域で高いのだと考えられます）。そこでガードナーらの研究では、幼児や小学校低学年でどの知能にも公正な学習・評価を行うために、各領域の活動で観察の「カギとなる能力」（認知・操作スキル）が数多く挙げられました。

ところでガードナーは、いろいろな学問でわかってきたことを考慮して 8 つの基準を設けて、全部に該当する知能を 8 つの独立した MI として認めたのでした。例えば「特定の知能に脳の特定の部位が対応して、脳損傷の患者では特定の能力だけが損なわれる」「ことばや数学など固有のシンボル体系による記号化が可能で、知能に固有な情報処理がなされる」「知能に独特な実験心理学的課題での出来具合が他の知能の課題での出来具合と異なる」「他の動物にも対応した能力が存在する」といった基準です。

知能の基準のうち特に注目すべきは、「知能固有の発達の道筋と、人それぞれの知能を生かしたさまざまな専門職が存在する」ということです。ピアジェによる理論のような従来の認知発達理論では、どんな文化や個人にも共通する 1 つの発達の道筋が想定され、個人差は標準的発達基準からのずれと見なされました。しかし実際は人は実生活・職業ではおよそ普遍的でない発達・熟達の姿を示します。そこで MI 理論では、知能全体の発達は、知能それぞれ固有の発達の総合であり、発達のプロフィールは個人ごとに異なるのだと考えます。発達の道筋は 1 つではなく個性的だと見なすと、伝統的知能・発達理論、およびそれを暗黙の前提とする学校の教え方を刷新することができます。

··〈多重知能〉

　MIの概念には，音楽的知能や身体運動的知能といった従来の伝統的心理学では受け入れられない能力も知能として認定されています。音楽やスポーツ分野の能力・才能も，文学や科学分野のそれと同等に尊重するなら，同等に文化的価値のある問題解決・創造の能力，すなわち知能だと認めることができます。言語的能力と音楽的能力の一方を「知能」と呼んで他方を「才能」と呼ぶ不当な順位づけにはガードナーは断固反対します。このような多様な才能を同等に尊重するMIの理念が，同じ理念で個性化教育を目指すアメリカの教育現場に熱狂的に受け入れられました。

　もうひとつ注目すべき知能の基準は，天才児や「サヴァン」（知的障害の才能児）といった，1つの領域（例えば音楽，絵画，数学）でずば抜けた才能を示すが他の領域では能力が普通か欠陥を示す人々がいるという事実です。MI理論では，ある個人は各知能が個別に発達した独自のプロフィールを示すので，どんな天才でも，すべての領域の天才ではなく限られた領域で才能を示すことになります。

　逆に，MI理論は，言語的・論理数学的知能など一部の知能について不得意だからといって全面的に「障害児」や「発達障害」だとラベルづけする教育的かかわり方に再考を促します。認知発達の道筋やプロフィールは多様で，どの個人もたまたま何らかの特殊なニーズも長所も持つ丸ごとの人間だと見なすからです。MIを考慮すると，誰の行動にも「才能も障害もある」のが当然の個性です。全人格にラベルづけするのではなく，どの行動でどういう才能・障害をどれだけ示すのかを多面的に捉え，得意な知能を伸ばし，それを困難な学習の補助道具に利用できます。

　こうしてMI理論は，才能や障害またはその両方を持つ子どもの特別支援教育の理論的支柱にもなっています。　　　　（松村暢隆）

Q5
知能の高さが同じなら問題を同じように解けるのでしょうか?

A　知能(賢さ)の種類は1つではなく多様なもので、個人によって得意な知能の種類やその組み合わせのプロフィールが異なります(Q&A4参照)。言語的知能の高い人と論理数学的知能の高い人を比べると、ことばの問題を解く時と数学の問題を解く時とでは得意不得意が違ってきます。では、同じ知能が同じように高い人同士ではどうでしょうか?

　心理学の「学習スタイル」の理論では、人によって好む、学習のはかどる学習方法・条件が異なります。スターンバーグは知能の使い方の好みを、「思考スタイル」として13の型にまとめました。例えば「立案型」(創造的に考えるのが好き)、「評価型」(批判的に考えるのが好き)、および「順守型」(マニュアルに従うのが好き)のどれがどれだけ高いかは人によって違います。

　個人は一部の型だけを持つのではなく、全部の型をプロフィールとしていくらかずつ持ち、スタイルの方向と程度に個人差があります。創造的知能の高さが同じだとしても、創造的に考えるのが好きかどうかというスタイル(立案型)の高さは異なります。また同じ個人でも課題や状況で好みが変動しますし、問題にどう取り組むことが許されているかでも変わってきます。それぞれの型自体に良し悪しはなく、何に対して良いか悪いか、つまり状況に適合するかどうかがそのつど決まります。

　思考スタイル(好み)と知能(能力)のタイプは区別され、例えば立案型の優位な人が創造的知能に優れているとは限りません。けれども立案型と創造的知能、あるいは評価型と分析的知能

……………………………………………………〈思考スタイル〉
が適合すると有利になります。つまり各々の知能が対応するスタイルを用いて学習や仕事をするのが望ましいのです。

　ですから学校などでの学習の場では、教え方・学び方や評価方法と子どもの思考スタイルが適合するよう配慮されるべきです。同じ教科内容の学習でも、また同じ子どもでも学習領域によって、個人の思考スタイルを生かせる学び方や評価方法が異なります。例えば立案型は創造的知能を重視する方法（プロジェクトなど）で有利ですし、評価型は分析的知能を重視する方法（論評など）で、順守型は記憶を重視する方法（講義など）で有利な傾向があります。また班での協同学習は「協同型」に有利ですが、いつでも誰にでも個別学習より優れた学習方法とは限りません。

　さらに、子どもと教師両方の思考スタイルの適合も重要です。ある研究では、教師が好む教え方の型と、生徒の同じ型同士の高さが一致する方が、生徒の成績は良く、教師にもその生徒はよくできると評価されました。なお教師の型は、教師の年齢や担任の学年が高いほど順守型が高く、学校の種類（公立・私立など）によっても、奨励されたり成績と関連する型が異なる（芸術志向の私立は立案型が高い等）といった傾向があったそうです。

　このように学力だけでなく多様な思考スタイルや知能を考慮すると、学習や評価がもっとうまく行くので、アメリカの学校では個性化教育の有用な課題として実践されています。一人ひとりの子どもが自分の興味や能力、スタイルに応じて学習する時、才能は最も生かされ伸ばされます。教師や保育者は、子ども全員に一定の学習内容・方法を押しつけるのではなく、一人ひとりに自ら学ぶ楽しさを実感させるのが大切です。そのためには、上述のように、それぞれの個性の型、自分の教育方法の型、および両者の適合性をいつも考えていなければなりません。　　　　（松村暢隆）
……………………………………………………………………

Q6
血液型性格は根拠がないそうですが，学問的にはどう見るのでしょう。

A 性格をどう見るかは，人間性をどう見るかに等しいと考えます。学生たちに，1)性格は変わると思うか，変わらないと思うか。2)性格は過去が規定しているのか，それとも現在や未来が重要か。3)人間性は良いと思うか，悪いと思うか，などについて聞くと，いろいろな意見が出てきます。

血液型性格の前提となったABO血液型は，1900年にドイツ人のランドスタイナーが発見し，その後，遺伝することが明らかになりました。しかし，血液型は赤血球膜上の糖鎖であり，輸血との関連はともかく，性格との関連をどう説明するのでしょうか。現代では，血液型は分子生物学的背景が明らかにされ，ABO型に限らず，「血液型はなぜあるのか？」，「どんな機能を持っているのか？」が明らかにされつつあります。しかし，「性格との関係」は研究テーマにありません。しかも，ABO血液型は4タイプしかなく，可変性はありません。

ところで，血液型性格学は，1930年代頃古川竹二が自分の血縁の人たちを観察して，O型とB型は積極的で進取的，A型は消極的で保守的，（AB型は古川の血縁にいないので記録になし），そして同じ血液型を持っている人は，ほとんど類似した気質を持っているとして，思想犯の血液型にも言及しています。それから時を経て1980年代頃，能見正比古と俊賢の親子は，O型は積極的で向上心がある，A型は穏やか・八方美人・まじめ，B型は気さく（気軽）・淡泊とし，AB型はたえず自分の内部でAとBが対話し論争を続けると言っています。能見親子は古川学

……………………………………〈血液型性格・性格の5大因子〉

説を否定していますが、自らの学説の根拠とした16万人のデータというのは見つかっていません。

 それではなぜ血液型性格説がはやり、スポーツ選手や芸能人の血液型が記されるのでしょうか。現代が自分探しの時代であるという背景もありますが、血液型性格判断が当たる（？）からです。なぜ当たるのでしょうか。血液型性格が当たるのは、1)バーナム効果といって、誰にでも当てはまる一般的な性格記述しか書いてないこと、例えば、「向上心が強く耐乏生活にも強い」ことがO型の特徴であるとされていますが、これはO型特有のものではなく、A型の5割、B型の5割、AB型の4割弱にも見られます。他の血液型の特徴も同様です。2)ラベルを貼られると、たとえそれがデタラメな記述でも、そこに示された性格が当たっていると思ってしまう傾向、3)肯定的なことばや評価を容易に受け入れるポリアンナの原理などで説明されています。

 それでは現代の心理学は性格をどのように捉えているのでしょうか。ここでは、「ビッグ5」と「気質と性格の7次元モデル」を紹介します。

 ビッグ5（性格の5大因子）理論は、次のような根拠に基づいて人の性格特徴が5つの特性次元の上に包括的、かつ体系的に捉えられるとしています。ひとつは、性格を記述する特性は日常使用している言語に含まれているとの仮定から、辞書の性格特性語を分類整理した結果、性格の5因子構造が繰り返し得られたという辞書的アプローチ。もうひとつは、それぞれの理論や仮説に基づいて別々に作成された性格検査を合同して、パーソナリティ全体を把握できる性格検査を作成しようと再分析した結果、5因子に収斂したという質問紙アプローチです。代表的なコスタとマッコレイによるNEO-PI-Rの日本版に基づいて説明します。

……………………………………

Q6

　まず、5つの特性とは、①神経症傾向（感受性が強く、感情的で、とりみだしやすいか否か）、②外向性（社交的、外向的、活動的で元気はつらつとしている。いつも誰かが周りにいることを好むか否か）、③開放性（さまざまな経験に対して前向きに取り組み、興味が広く、想像力が豊であるか否か）、④調和性（思いやりがあり、温厚で、人と協力することを望み、衝突を避けるか否か）、⑤誠実性（誠実で、何事に対してもきちんとしている。目標が高く、いつも目標を達成するために努力をしているか否か）を指します。これらの下には、おのおのさらに下位尺度があり、例えば、誠実性はコンピテンス、秩序、良心性、達成追求、自己鍛錬、慎重さ、の6つで構成されています。

　性格の5大因子は、自他の性格の簡潔、かつ、総合的な理解に有効なばかりでなく、健康（誠実性は良い健康習慣と正の相関がある）、教育（経験への開放性と誠実性が創造性や知的好奇心と関係する）、職業（職業興味関心テストの代用はできないが、人事配置の補助資料になる）、臨床（精神病理学の診断向けには開発されていないが、クライエントの特性を素早く把握できる）などの領域で活用できます。しかし、ビッグ5は健康な大人を対象とした検査で、学齢期や乳幼児を対象とした検査は開発中です。

　クロニンジャーの気質と性格の7次元モデルは、パーソナリティを気質と性格から成ると考えています。このうち気質は生物学的、遺伝的要因が強く関与し、幼年期から現れるとしています。気質は神経伝達物質のドーパミン、セロトニン、ノルエピネフリンなどとの関連で4つの次元が考えられていて、①新奇性追求（行動の触発システムで、これが高いと衝動的でおしゃべり好き）、②損害回避（行動の抑制にかかわり、これが高い人は、心配性で、内気で、疲れやすいが、低い人は、楽天的で危険を好

〈血液型性格・性格の5大因子〉

む），③報酬依存（行動の維持に関わり，学習する際の報酬となる食べ物・アルコール・人間関係などを利用して，自動的に触発と抑制を調整する働き），④固執（それぞれの行動を持続させる働きで，この働きが強すぎると脅迫的になり，弱すぎると何でも中途半端になりやすい）です。

　気質が神経伝達物質という生物的背景が想定されているのに対して，性格とは，自己についての洞察学習や概念学習によって成人期に成熟すると考えられています。自己受容や自己尊重に関係する次元，仲間との関係性や，攻撃性や敵意などの他者受容に関係する次元，熱中したり，我を忘れて集中するなどの自己超越に関係する次元の3つが考えられています。具体的には，⑤自己志向（各個人が選択した目的や価値観に従って，状況にあう行動を統制し，調整し，調節する能力），⑥協調性（社会的受容や，協力性，他人の権利に対する関心など，他者の確認と受容に関する個人差），⑦自己超越性（すべてのものが1つの全体の一部であるとする統一意識を指し，35歳以上の成人にとって，その人の適応状態と人生の満足度と関係する）を指します。

　クロニンジャーのモデルは，気質が性格の発達を動機づけるが，それによって性格が変容し，今度は逆に，性格が気質を調整するという発達的2段階モデル，ないし気質と性格の相互作用を仮定しているのが特徴です。また，7次元モデルは，神経伝達物質との関連から精神疾患の診断や薬物療法の指針が得られるのみならず，生物学的基盤を超えて発達過程で獲得される実存的な自己概念，すなわち，クロニンジャーのいう性格についても，例えば，特定の職種や組織風土とパーソナリティの組み合わせから，職務パフォーマンス，コミットメント，精神的健康や満足度の関係が研究され，応用の広がりが期待されています。　　　　（杉山憲司）

Q7
どこからがしつけでどこからが虐待ですか。また虐待の影響はどのくらい続きますか。

A　最近，子ども虐待（児童虐待）への関心が高まっています。厚生労働省では平成2年度から全国の児童相談所で受けた虐待相談について統計をとるようになりましたが（児童虐待相談処理件数），当時1,101件であったのが，平成15年度は26,569件と，24倍にも増加しました。実は，児童相談所や乳児院・児童養護施設などでは，虐待ケースに戦後ずっとかかわってきました。子ども虐待に広く関心が持たれるようになったのはごく最近のことで，平成12年の「児童虐待の防止等に関する法律」（児童虐待防止法）の制定が重要なきっかけになったといえます。同年，保育所保育指針が改訂され，「虐待等への対応」という一項が加わりました。保育所保育指針に虐待への対応が取り上げられたということは，虐待の問題が一般化したことを表しています。

　さて，私たちは，虐待というと，子どもにひどい暴力をふるうものと考えがちです。しかし，英語ではチャイルド・アビューズ (child abuse) といい，アビューズは，「乱用する」「誤用する」という意味で，子どもに対して，大人が不当な力をはたらかせることです。つまり，暴力をふるわなくても，子どもに対する不当な行為は虐待といえるのです。「殴らない」虐待もあることに注意してください。

【虐待のタイプ】　現在，虐待のタイプは，身体的虐待，心理的虐待，性的虐待，ネグレクトに大別されます。もちろん，これらが重なっている場合もしばしばあります。

〈被虐待児〉

　身体的虐待は，殴る，蹴る，投げ落とす，タバコの火や熱いアイロンを押し付けて火傷を負わせるなど，生命への危険があったり，外傷を負うおそれのある行為による場合です。虐待ということばそのもののイメージに合うものです。

　心理的虐待は，「お前なんかかわいいと思ったことはない」「お前なんか生きている価値がない」など，心が傷つくようなことを言ったり，拒否したり，きょうだいの間で著しい差別をするような場合です。

　性的虐待は，子どもに性交や，性的な行為をする場合です。

　ネグレクトは，不適切な養育，養育の怠慢，放置などといわれますが，健康を損なうほど不潔な環境で子どもを生活させたり，家に閉じ込めたり，病気になっても医師の診察を受けさせなかったりするような場合です。自動車の中に子どもを置いたままにして車内の温度が上がり，子どもが熱中症で死亡する事件なども，子どもの安全に対する怠慢であり，ネグレクトにあたります。

　身体的虐待，心理的虐待，性的虐待は子どもに不適切なことをするものであるのに対して，ネグレクトは適切なこと，子どもに必要なことをしないものといえます。暴力による恐怖や苦痛を経験しないので，「軽度の」虐待とみられることがありますが，親子関係が希薄なために，人格形成に深刻な影響を与えるものであり，決して「軽い虐待」ということはできません。

　他のタイプの虐待は低年齢の子どもほど被害にあうことが多く，男女差は顕著ではありませんが，性的虐待の対象となるのは小学生以上の女児が多くなっています。しかし，乳幼児でも性的虐待の被害者となることもあります。

　さて，虐待をする保護者はしばしば「虐待ではなく，しつけだ」と言います。また，どこまでがしつけで，どこからが虐待に

Q7

なるのかと、問われることがあります。しかし、しつけと虐待の違いは程度の違いによるのではありません。「しつけ」は子どもに社会性を身につけさせようとする、あるいは子どもの不適切な行為を正そうとする「親の行為」です。これに対して「虐待」は、親の意図とは関係なく、親の行為によって子どもの心身に悪影響が生じた場合をいいます。「しつけ」と「虐待」は1本の線の両極に位置付けられるものではなくて、いわば、別の次元に属するものなのです。親の意図がどんなものであれ、子どもがおびえたり、骨折するようなことがあれば、それは虐待なのです。

【虐待の影響】 虐待の影響については、身体的な影響、心理的な影響、虐待を受けて育った人が親になった時の影響などに分けて考えてみましょう。

身体的な影響については、親の1回の行為で、子どもは死亡してしまうこともあれば、頭部を殴られ、頭蓋内出血を起こして、永続的な障害をもつこともあります。生涯にわたる影響を残すこともまれではありません。性的虐待を受けると、妊娠したり、性行為感染症に罹ることもあります。ネグレクトや身体的虐待により、発育不良になることもあります。

虐待による心理的影響は非常に深刻です。本来保護してくれるはずの親から虐待を受けるということは、他者への不信感をもたらします。またストレスが生じると、暴力で解決しようとするようになることもあります。力関係に敏感で、強い者にはおどおどし、弱い者には攻撃的になったりします。人とのかかわりがうまくいかず、保育所・幼稚園や学校でのトラブルだけでなく、成人しても、夫婦関係や職場、近隣での人間関係がうまくいかないことが多くあります。社会的には孤立しやすく、必要な社会的支援を得られなかったり、家庭で虐待が発生した場合、周囲が気づく

〈被虐待児〉

のが遅くなります。

　心理的な影響はしばしば永続します。大人になっても，高齢者になっても，子ども時代のきょうだい間で差別された体験などを思い出す人は少なくないのです。また，虐待がもたらす心理的影響で重要なのは，自尊心が育たないということです。自分を「だめな人間」「価値のない人間」と低く評価します。ネグレクトの場合には，人格形成にも大きな問題が生じますし，必要なしつけも受けないために，自他の区別がつかず，平気で人のものをとってしまうなどの問題が生じることもあります。

　虐待のもうひとつの重要な影響は，虐待を受けた人が親になった時のことです。虐待の連鎖，世代間伝達などともいわれますが，虐待を受けた子は，「虐待をする親になる」とも主張されます。たしかに，自分がどのように育てられたかという経験は，自分の育児行動や人間関係に大きな影響を与えるものです。虐待をする人の多くは虐待を受けて育ってきています。しかし，虐待を受けて育っても自分の子どもに虐待をしていない人もたくさんいるのではないでしょうか。欧米での研究では，虐待を受けた人が虐待をする親になる割合は30％ほどだとされています。虐待経験は，親になるうえで重大な危険因子といえます。とはいえ，虐待を受けたすべての人が虐待をする親になるわけではないのです。

　虐待の影響の受け方は人によってかなり違うようです。これからはどのような条件が虐待の影響を最小限にするのかを研究することが必要です。現時点でいえることは，「よい人間関係」を経験することが虐待で受けた心の傷を癒す力をもたらすということです。

（庄司順一）

Q8

1歳半の次男は食欲がなく，無理に食べさせようとすると吐きます。3歳になる長男は，最近，食べすぎて困っています。

A 摂食障害，食欲不振，食事に時間がかかる，過食，偏食，欠食，孤食，個食など，食事に関する悩みはいろいろですが，なかには朝の欠食は当たり前という家庭も多いようです。

「食育」ということばが注目されています。その目的は，心身豊かな子どもに育てるために，現在の食事のあり方を見直すことと思われますのに，食事の味や作り方の指導にのみこだわる傾向が目立ち，定義の明確化が望まれます。

【食べなくて困る子ども】 食事の悩みの相談の中で特に多いのが，食べてくれない，食べ終わるのに時間がかかる，などです。欠食の場合も，朝，食欲がない（あるいは時間がない）ので朝食を抜くという場合が多く，食に対していかに関心を持たせるかということが，重要なポイントになります。

元来，人間が生きるためには，食べる，眠ることは欠かせません。食べない子どもには何らかの原因があるわけで，まず見逃してならないのは，身体的な異常や疾患の有無です。機嫌，活動の様子，体重の増え方などを細かく観察して，少しでも異常を感じる時は，早めに医師の診察を受けさせることが必要です。

次に考えることは，本当は空腹なのに，子どもが食べられない食事内容ではないかということです。好き嫌いではなく，子どもに適した硬さとか大きさが必要で，味が濃すぎる，冷たすぎるなどの調理では食べることはできません。それぞれの子どもに応じた調理方法であることは，大切な条件のひとつです。

……………………………………………………………〈摂食障害〉

　また，食事時間が不規則ではないかなど，日課を考えることが大切です。食後，体が次の食事を受け入れる準備が整うまでに4時間ほどを要します。食事時間以外に欲しがるたびに与えたり，間食が多かったりでは，真の食欲が生じないのも当然です。

　また，食のリズムなど，生活リズムを活発化させるためには早寝早起きが必要です。例えば6時半には起床させ，朝食までに少なくとも30分以上の間をおかなければ，身体機能を活発化させる交感神経も働き始めません。朝寝坊して朝食抜きでは脳細胞も活力が得られず，午前中の子どもの動きは鈍くなり，昼食にも当然影響することとなります。

　これらの点に問題がなければ，子どもの食欲を信じて，食べることを無理強いしないことです。子ども自身に，自分が食べなければ誰も手伝ってくれないことを体で覚えさせることです。そして決められた食事時間以外に空腹を訴えても次の時間まで待たせます。しかし，子ども，特に乳児は水分が必要ですので，湯ざましや麦茶などはたびたび与えることが大切です。

　食事の時に，月齢，年齢に応じて食事への関心をそそる工夫や，食事中に短時間の一休みをするなどの手助けは欠かせませんが，本人自身に「食べる意欲」をもたせることが必要なのです。

　幼児の場合は，食事に要する時間を30分くらいに定め（あらかじめ，「時計の長い針がここまできたら終わりネ」などと話し合う），遊び始めたり，また時間がきても終わらない時は，叱らないで優しく片づけます。たとえ3口くらいしか食べていなくとも，「終わり」でよいのです。一度片づけたあとは，泣いて欲しがっても次の食事まで待たせましょう。子ども自身に「自分が本気で食べなければ食事は片づけられてしまう。そのあとは泣いても出てこない」ということを体験させることです。子どもは，叱

Q8

られたり怒られたりすることではなく，体験を積み重ねることで生活習慣を身につけてゆくのです。

　もちろん，子どもは周囲への関心が強いので，食事中は他に気が散らないよう，楽しく食事に集中できるよう努めます。空腹を生じさせるために，食前の外遊びもよいでしょう。

　子どもの食欲不振は，思春期に多い拒食とは異なります。病気やその他の原因がなければ，食べることを無理強いしないこと，日課の調整とともに食事時間を規則的にすること，などが必要です。

　生後3か月頃に，急に哺乳量が少なくなることがあります。出生後，反射的に飲んでいた母乳やミルクを，乳児の意志で飲むようになるためかとも思われます。また，その頃から乳児の運動量が増すために体重増加曲線のカーブが少しなだらかになります。それを保育者は哺乳量が減ったためと思い，つい無理強いする場合が多いようです。強いられるためにますます哺乳量は減り，ついには，空腹であるのに哺乳ビンを見ただけで泣いたり，吐いたりする場合もあります。乳児にも神経性食欲不振（ミルク嫌い）は存在するのです。

　また，子どもの食欲はむらがあることも特徴です。食べる時もあれば食べない時もあることを知ることが必要です。

【食べすぎて困る子ども】　原因としては主に次のような場合などが考えられます。

　まず，体格が大きく，健康で運動量も多い子どもは，当然食事の量も増します。育児書に示されている哺乳量，食事量はあくまでも目安です。また子どもの発育，発達には個人差があります。食べすぎと思われても，日々の成長に問題がなければよいのです。

....〈摂食障害〉

　問題となるのは，起床，就床，日中の過ごし方，食事時間など，生活のリズムができていない場合です。外遊びも少なく部屋でひとり遊びやテレビを眺めている生活では，子どもらしい活動的なことへ目が向きません。結局，食べることに関心が向き執着することになるのです。

　また，一緒に食事する家族の食べる量が多い場合にも，子どもはたくさん食べる傾向がみられます。

　糖代謝などに異常があると，症状のひとつとしてたくさん食べる場合もありますので，あまりにも食べすぎと思われる時は，医師の診察が必要になります。

　見逃してならないのは，保育者の愛情が不足している場合です。自分に目を向けさせたいという心理状態もありますが，愛情に飢えているさびしさを，食べるということで癒している場合がしばしばみられます。日頃の生活を見直し，思いつくことがあれば，抱きしめるなどのスキンシップを多くしたり，ほめる機会を増やすとか，ことばかけを心がけるなど，子どもにしっかりと愛情を伝えることが大切です。質問の例も，次男への対応に追われて，3歳の長男への親のかかわり方が少なくなったり，叱ったりすることが多くなってはいないでしょうか。

　子どもらしい日課をつくり，食事や生活のリズムを整え，親の愛情を感じさせることが第一です。家族とともに時間をかけてよく噛んで食べる食事の楽しさを覚えてゆけば，食べすぎるということもなくなるでしょう。無理に制限すると，逆に食べたいという気持ちを強めたり，かくれて食べるようにもなります。

　子どもの食事の問題は乳児期からの生活習慣や食習慣がかかわっていることが多いので，その見直しが必要となります。

〈辻山タカ子〉

Q9

1歳6か月の男子です。座ったまま体を前後に動かすのですが、これは異常な行動でしょうか。

A 嬉しいとピョンピョンと跳ね回る、自分の要求が通らないと、床に寝転んで手足をバタバタし続けるなど、幼児期には、ことばではなく気持ちを行動で表現することがあります。「常同行動」は、行動の目的がないのに、ひとりで体をクルクル回したり、手をヒラヒラと目の前にかざす、頭を壁や床に何度も繰り返しぶつける、無意味な発声を繰り返したり、時には場面に合わないことばを言い続けるような状態です。健常な発達をしていると思われる場合にも同じような行動が出ることもあります。こうした行動が出るのは暇になったり、退屈な時が多く、相手をして遊んであげたり、興味のあるオモチャで遊びに誘ったりすることで解消されます。

【常同運動障害】 常同行動が目的なく反復的に持続し、周囲からの働きかけでも変化がなく、駆り立てられているように見えることがあります。この行動により正常な行動が障害されたり、医学的な治療を要するような場合には、「常同運動障害」と医学的な診断をされる場合があります。重い精神発達遅滞や、強迫行為、チック、広汎性発達障害、てんかんなどの器質的な疾患、視力障害のある子どもにも頭を振ったり、目を押すなどの行動がみられることがあります。

DSM-IV-TR（精神疾患の診断・統計マニュアル・新訂版、アメリカ精神医学会）によれば、常同運動障害には、手を振る、体を揺する、手をもてあそぶ、指をやたらと動かす、物をクルクル回す、頭を打ちつける、自分自身を嚙む、皮膚または体の穴をつ

··〈常同行動〉

つく,自分自身の体の一部を叩く場合があり,時にはこれらの行動を物を使って行うことなどが挙げられています。

子どもへの働きかけを変えたり,環境の調整をしても症状に変化がなく,症状が重く持続する場合は問題でしょう。

【異常な常同行動と発達性の行動】 子どもの運動機能は発達により統合されていくので,常同行動症状も多彩です。

ひとりで座れるようになった子どもは体を前後に動かしたり,左右に一定のリズムで動かすなどを楽しむ時期があります。また,人を意識して喜びを表現する動作でもあります。ピョンピョン跳ぶ行動や手を振るなども,一過性にみられる行動でもあります。

しかし,人を意識してではなく,周囲と関係なくひとりでその動作とリズムを強迫的に繰り返すのは問題です。また,頭を柱や棚,椅子などに打ちつけるなどの自傷的な行動であれば,明らかに問題のある行動です。子どもが今,どのような状況の中に置かれているのか,例えば母親をはじめとする養育者の配慮は十分でしょうか。なかには,放置され,精神的虐待に近い状態の子どももいます。

また,弟や妹の誕生で新しい環境に適応できず,このような症状を示す例もあります。まず,子どもを取り巻く環境を調整してみる必要があるでしょう。

もし,一過性ではなく,対人関係の問題,関心の偏り,執着,落ち着きのなさ,そして自傷を伴う行動がみられるようでしたら小児神経,心理の専門家に相談しましょう。

(立川和子)

Q10
発達が遅れているとは考えられないのに不器用で行動が遅い子です。同年の子どもの中で生活できるか心配です。

A　誰でも初めて経験する運動はなかなか上手にはできないものですが，誰かに教えてもらいながら練習をすれば，たいていの場合できるようになります。しかし，なかなかできるようにならない子どもがいます。このような子どものことを「不器用児」と呼びます。年齢相応に，ボタンがかけられない，ヒモが結べない，字が上手に書けない，歩けばどこかにぶつかる，物をよく落とすなど日常生活の中で必要な技術がなかなか身につかないのですが，不器用児の多くは知的障害を伴っていません。このような子どもが存在することを知らないと，一生懸命に練習をしてできるようになりたいと思っている子どもに対して，やる気がない，怠けているといった評価をしてしまうことになります。うまくできなかったり，周りからからかわれたり責められたりすることがあるため，不器用児は体操や団体演技などが嫌いになる傾向があり，自信をなくし，意欲が落ちるということが生じる危険性があります。

　一方で「器用」といわれる子どもや大人もいます。この「器用」「不器用」の境界を正確に決めることは臨床的には難しいことです。不器用そのものは，いわば程度の差ともいえます。生活にどのくらい影響しているのか，同年齢集団の中でどのくらい目立つのかが不器用と考えるかどうかの分かれ目になるといえるでしょう。幼児期には誰もが「不器用」なのですが，これを早く卒

………………………………………………………〈不器用児〉

業する子となかなか卒業できない子がいるといえます。

　不器用さを評価するための検査というものはないのですが，プレヒテルなどによる神経学的微症状をみる項目は参考になるでしょう。不器用さがあると感じた場合，次のようなことについてチェックする必要があります。粗大運動では，始歩に至るまでの運動発達の状態と時期を知ることが大切です。始歩以降では，歩いている時の状態（上肢の動き・位置，下肢の動きなど），片足立ちの状態，両足とび・片足とびの状態，直線上を歩く時の状況，キャッチボール・ボール蹴りの状況などを，その子どもの年齢標準と比較検討することが必要です。手先の運動では，物をつかむ時の手の使い方，日常生活動作（食事，衣服の着脱など）のでき方の状況，図形および絵を描くことができるか，文字の書き方，鉛筆の持ち方の状態などを，その子どもの年齢標準と比較検討することが必要です。さらには，このような運動のできなさが，その子どもの生活にどの程度影響を与えているのかということも十分に検討する必要があります。ただ単に周りが期待するようにできないからといって問題としてはいけないのです。

　筋緊張の変異や関節の過伸展性は不器用さの原因になります。さらにはしばしば，父親または母親が不器用で，子どもが同じように不器用であるといったように，家族性にみられることがあります。また緊張をする状況，上手にやらなければと思っている状況は不器用な子どもにとっては，さらに不器用になる事態を生じさせることになります。

　「不器用」をいくつかのタイプに分けて考えることができます。考えられるタイプとしては，①筋緊張のコントロールがうまくできないもの：筋緊張は低くても，高くても不器用に見えます。筋緊張が低い場合，動作のしっかり感に乏しく，いわゆる「ぐずな

Q10

子」に見えます。筋緊張が高い場合，動作に無駄な力が入っているように見えます。②運動に安定感のない・動作のなめらかさのないもの：いわゆるバランスの悪い子です。③運動の要素をうまくつなげられないもの：一つひとつの動作はできるのですが，それを繋げて一つの運動に組み立てていかれず，そのため一つの運動ができるようになるのに時間のかかる子どもです。④視空間認知の問題や視覚運動協応の問題を持つもの：学習障害のために不器用さが生じてしまう子どもです。運動を学習するためには，その子どもの持つ特性に合わせた対応が必要ですが，期待した効果が得られにくいタイプです。発達障害との関係ではアスペルガー障害の子どもに不器用さが認められることが多いといわれています（第5章参照）。

　不器用さは，時には身体疾患の症状であることがありますので注意が必要です。特に中枢神経系に影響を与えるような疾患（代謝異常，重金属中毒，変性疾患など）の症状のはじまりであることがありますので，ある時点から不器用さが目立ってきた時などには身体疾患も考えながらみていくことが必要です。

　不器用さに対する対応はその原因になっていることによって異なります。明らかな身体疾患の症状が現れている場合には，その治療がされる必要があります。「不器用児」の場合にまず大切なことは，これらの子どもが決して怠けていたり，やる気がないわけではないということと，その不器用さは子どもにはどうにもならないことであることを周りの大人が知ることです。このことが理解されることで，子どもに対する過剰な負荷がなくなるので，自信がないといったような二次的に生じていた問題は改善する方向に向かっていくものと思われます。不器用さに対応する時に大切なことは，当事者である子どもの思いを最優先させていくこと

....〈不器用児〉

です。つまり、その子どもが何に困っていて、何ができるようになりたいのかということです。周りの大人の思いだけで訓練のようなことを進めては、子どもにとって動機づけが持ちにくく、楽しみのないものになってしまうのではないでしょうか。

「不器用児」に対応する医学的な診断基準としては、次にあげる DSM-Ⅳ-TR の「発達性協調運動障害」の基準があります。（多少字句を補った所があります。）なお、この障害の有病率は、5〜11歳の年齢の子供の6％に達すると見積もられています。

A. 運動の協調が必要な日常の活動における行為が、その人の生活年齢や測定された知能に応じて期待されるものより十分に下手である。これは運動発達の里程標の著明な遅れ（例：歩くこと、這うこと、座ること）、物を落とすこと、"不器用"、スポーツが下手、書字が下手、などで明らかになることもある。

B. 基準Aの障害が学業成績や日常の活動を著明に妨害している。

C. この基準は一般身体疾患（例：脳性麻痺、片麻痺、筋ジストロフィー）によるものでもなく、広汎性発達障害の診断基準を満たすものでもない。

D. 精神遅滞が存在する場合は、運動困難の症状を伴うことが多いが、通常予期されるものより症状がより強い時にこの障害が診断される。

「不器用児」といわれる子どもは確かに存在しています。しかし大切なことは不器用さや行動の遅さを「発達」という視点でみることと、その子どもにとって不器用さがどのくらい生活の中で問題を生じさせているのかという視点で評価してみることです。何かができないといったことだけを取り出して問題としたり、心配しすぎにならないようにしたいものです。　　　　（二上哲志）

Q11
幼児の中に友達と一緒に行動できない、先生の指示に従うことが難しい子どもがいます。このような人とのやりとりが苦手で関係がうまく作れない子どもとどう接したらいいのでしょう。

A 自分では動くことも食べることもできない乳児は、養育者に保護され、育てられますが、発達に伴い子どもは大人の気持ちを引きつけ、自分の意思を伝達しようとします。また、他の動物に比べて養育期間の長いヒトは、その期間に養育者とのさまざまなかかわりを通して社会で生きていくのに必要なことを学習します。

ことばの学習でいえば、言語習得能力はヒトに生得的に備わっています。その能力を用いて乳児は養育者や周囲の大人とのかかわりから、必要な言語を獲得していきます。例えば日本語を聞いて育った子どもは日本語を話します。地球上の子どもたちに共通なのは、自分が聞いて育ったことばを獲得する点です。

言語学習のほかにも社会で生きていくための生得的に備わっている能力があります。周りの人の考えていることや気持ちを推測する能力（「心の理論」、社会認知）などです。これも持って生まれた能力ですが、育った環境によっても差がでてくると考えられます。なかには脳機能障害のために、生得的に備わっているはずの能力に障害があったり、発達が偏ったりする場合があります。

ヒトは生まれつきコミュニケーションを可能にするためのいろいろな能力を備えています。例えば生後間もない赤ちゃんでもヒトの顔や動きを好んで見る傾向があります。また、聞き慣れた声によく反応します。しかし、この段階では赤ちゃんは周りの人に

〈心の発達〉

はっきりわかるような形でこの能力を発揮しているわけではありません。やがてあやすと笑う，目の前を通った大人を眼で追いかける，くすぐるまねをすると期待して待つ，人に話しかけるように声をだすなど，少しずつ周囲の人にかかわるようになります。

最初は自分のペースで周囲とかかわっていますが，やがて相手に合わせて行動することが可能になります。大人の指さしに反応したり，自分から指さしをしたり，喃語で話しかけたり，片言を発するようになります。こういった行動は，相手の気持ちを自分に向けるためや，相手の気持ちに合わせた結果なのです。

相手に合わせて行動することが上手になると，人の反応を見ながらふざける，ごっこ遊びをする，ほめてもらいたくて何かを見せにくることが増えます。これは相手がどのような気分か（ふざけてもいいのか否か），ごっこ遊びのルールを共有できているかなど，経験的に相手のことを理解してこそ成立するものです。

やがて4歳から5歳の間に子どもは相手の立場に立ってものを考える力をつけます。いわゆる心の理論の獲得です。それまでの子どもは，自分と周囲の人の考え方をきちんと区別して処理できません。心の理論の獲得によって，相手が何を考えているか，どのような意図を持って行動するかを推測するようになります。この心の理論にみられる社会認知の発達をみる検査が開発されています。

心の理論の発達をみる課題を最初に開発したのはイギリスのバロン・コーエンという心理学者です。課題の内容は「女の子が2人，オモチャで遊んでいました。一方の子どもがオモチャをかごに片づけて部屋をでます。すると，もう1人の女の子がそのオモチャを別の箱に片づけました。最初の女の子が部屋に戻ってきて，オモチャを出そうと思います。その子は最初にどこを見るで

Q11

しょうか」というものです。心の理論を獲得した子どもや，大人は「かごの中」と答えますが，獲得していない子どもたちは迷わず「箱の中」と答えます。

この課題は，オモチャをかごに入れた女の子の立場で物事を判断できるかをみています。つまり，自分が知っていること（オモチャが箱の中にある）と，女の子が知っていることが違うことを理解することが必要になります。また，それを元に女の子の行動を予測しなければなりません。大人にとってはごく当たり前のことですが，4歳以前の子どもにとっては難しい作業です。不思議なことに一度この仕組みを理解すると，それまでの考え方には戻らないようです。

生得的にコミュニケーションをとる能力に問題がある子どもは，幼い頃から，周囲への関心が低かったり，かかわり方が奇妙だったりします。視線が合いにくい，驚いた時や嬉しい時の指さしがみられない，人見知りがみられないなどです。発達に伴って，それは自分勝手な行動や，相手を無視した行動と捉えられます。実際には意図的に相手を無視しているのではなく，かかわり方がわからないのです。

このタイプの子どもたちに対しては，子どもが理解できるようなかかわり方を心がけます。まず子どもを安心させ，落ち着かせ，子どもの注意がこちらを向いている時にわかりやすいことばで話しかける，共感を共有するなどです。絵本なども図鑑的なものより，物語性のあるもの，気持ちの変化が見られるものなどを選びます。また，ごっこ遊びがしやすいおままごとなどを用意するといいでしょう。

発達にアンバランスのある子や，コミュニケーションのとりにくい子は誤解されやすいタイプです。運動能力は年齢相応，おし

....〈心の発達〉

ゃべりもするなど,一見すると問題がないように見えますが,実際には相手の意図や気持ちの理解が苦手だったりします。そのため,わざといたずらをしているとか,言うことを聞かないと誤解され,その結果反抗的な態度をとる子もいます。原因としては生得的な要因(LD,高機能自閉,アスペルガーなど)および環境要因(ネグレクトなど)が考えられます。

　問題が考えられる場合,相手の立場を理解する力(心の理論)がどれだけ発達しているか確認することが大切です。また,そのほかの能力とのアンバランスを把握します。元気いっぱいの5歳児でも,心の理論の理解などが4歳未満であれば,3歳の子どもと同じように状況を説明する必要があるでしょう。本人がわかるように説明することが大切です。日常の会話では,きちんとやりとりができていることを確認すること。人の気持ちを扱った絵本や紙芝居を見せる,過去に共有した経験について話すなどして気持ちの存在に気づかせるようにします。子どもがわかる内容の話,指示であれば,子どもも適切に反応しやすいでしょう。

　コミュニケーション能力は備えており,心の理論の発達にも問題がないがかかわりがうまくいかない場合,子どもが何らかの理由でかかわりを拒んでいると思われます。子どもが問題を抱えていることを理解し,安心できる関係や環境を作ってやります。また可能であれば家族などへの働きかけを通して環境調整を行いましょう。経過を見ても変化がなく他の問題行動(落ち着きがない,こだわりが強い,パニック)などが重なる時は専門機関と相談することが必要でしょう。

　コミュニケーションのとりにくい子どもたちは何らかのトラブルを抱えている可能性があります。周囲がそれに気づき,適切な対応をとることが重要です。　　　　　　　　　　　　(柿沼美紀)

Q12

いくら注意しても，片づけができず，忘れ物が多く，だらしなくて困っています。

A　物を使ったら使いっぱなし，片づけないので物は失くすし，忘れ物は頻繁，どこに置いたのかも覚えていないので，結局でてきません。過保護に育てたわけでもないし，むしろ，これまで口をすっぱくして注意してきたのに，ちっとも言うことがきけません。学校でも同じ。「机の中も周りも，物が散らかっています。家でも御指導ください」と担任から親に注意されます。このようなお子さんはずぼらな性格とか過保護な育児環境のためと考えられ，親子ともども再三，学校の先生から注意を受けることがあります。しかし，原因は別にある子どもがいます。

　常識的には「見ればわかる」と言われるようなことでも，「見てもよくわからない」子どもたちです。このような子どもたちの整理整頓や忘れ物など以外の行動や学習にも目を向けてみましょう。学習や行動に，得意・不得意があるのに気づくでしょう。その子どもの不得意領域は視覚認知です。学習にどう影響するのか，具体例をあげます。

【問題】AとBと，どちらが長いでしょう。

A
B

　多くの小学生は，見てすぐAを指すでしょう。しかし次のような解き方をする子どもがいます。Aは10，Bは5，だからAが長いと。目で見る量から理解するのではなく目盛を読んで数字で表し，数字の大小を比べて答えを出すのです。こういう子ども

....〈整理整頓困難〉

は計算も速いし、数量や図形に関する用語も理解ができます。しかし、同じ図形が回転していると、すぐ見つけられなかったり、面積や体積を求める公式はわかっているのに、どう分割して考えたらよいのかがわかりません。見て捉えたり、見て記憶にとどめたり、視覚イメージを作って操作したりが不得意です。不得意なのは算数の図形や量の理解にとどまりません。国語の漢字の書き取り、地図の読み取りなどにも影響します。体育・音楽・図工・家庭科なども、体や手先の動きの不器用さからではなく、目で見て理解することの問題から困難が生じていることがあるのです。

このような子どもを心理・教育相談の専門家に見せると、LD（学習障害）が疑われ、その確認のための検査などが行われることになります。LDとしては、視覚情報処理が不得意なため学習や行動に影響するタイプです。探し物、なくし物、整理整頓の不得意なのは、このタイプの子どもにみられます。また、これに加えて、注意欠陥という問題をあわせ持っていると、整理整頓、忘れ物などの問題が目立つことになります。

家庭での対応のポイントを次に示します。
・整理整頓・忘れ物など、それ自体を課題にする。
・子どもの状態に合わせた具体的課題設定をする。最初は大枠設定。
・手順は言語で、端的に示す。
・変化に関する評価は少なくとも月単位、半年単位でみる。少しずつ、ゆっくりと行う。

もちろん、叱られすぎることで生じる自信のなさ、やる気喪失など二次的な問題をあらかじめ防ぐことは、対応の基本です。

（黛　雅子）

Q13

3歳の長女が赤ちゃん返りをして困っています。私もイライラしてしまって…。

A 退行現象は，すでにある段階に到達していたものが，欲求不満や不安が原因となり，心理的安定を求めて未発達な段階に逆戻りすることをいいます。正常な発達の中でもみられるもので，赤ちゃん返りもそのひとつです。

　赤ちゃん返りは，それまで親の愛情を独占していたのが，弟や妹の誕生で親の目が下の子どもに向けられがちになり，親に嫌われたのではないだろうかという不安や，自分にも気持ちを向けてほしいという欲求が生じ，退行現象という形で親の注意を引き付けようとするものです。夜尿や指しゃぶりが再び起きたり，食事の時にひとりで食べるのを嫌がり親の手を借りるようになったり，甘えたり，わがままを言ったりという行動がみられます。上の子どもにとっては，親の愛情を弟や妹と二分することになり，しばしば，下の子どもに対して，つねったり，たたいたりというような意地悪な行動をとることがあります。それらは，親にとっては困った行動とうつり，イライラの原因となるかもしれません。

　しかし，上の子どもにとっては，大きな環境の変化であることは否めません。赤ちゃん返りは，「お母さん，ぼく（わたし）の方も見て」「ぼく（わたし）にも関心を向けて」という子どもからのサインです。親の立場に立てば，どうしても下の子どもの世話に時間をとられ，周囲の目も下の子どもに向けられがちになるのは仕方がないことと思います。そして，つい「お兄ちゃんになったんでしょう」「お姉ちゃんなんだからひとりでできるでしょ

⟨退行現象⟩

う」「あとにしてね」「今,赤ちゃんのおむつを取り替えているから向こうに行って」などと言ってしまいがちになります。ですが,これらは,さらに,上の子どもの気持ちを不安にさせるので気を付けましょう。

それでは,どのように接したらよいのでしょうか。次のようなことに留意してみましょう。

1. 赤ちゃんが寝ている間などは,上の子どもと遊んだり,絵本を読むなどして一緒に過ごす時間を大切にする(母親だけでなく,父親と1対1でじっくりと遊ぶことも有効)
2. 赤ちゃんの世話を一緒にする(おむつ替えの時に,おむつを取ってきてもらうなど。その時に,「ありがとう」という感謝のことばや「赤ちゃんも喜んでいるね」というように気持ちを共有することばかけをすることも大事)
3. 「お母さんもお父さんもあなたが大好き」というメッセージを送り続ける(甘えを受け止め,スキンシップを大切にしながら,「お手伝いしてくれて助かるわ」というように上の子どもを認めることばかけを忘れない)
4. 父親にも協力してもらい,興味の持てる遊びや楽しく遊べる場を見つけ,子どもの関心をそちらに向ける
5. 親もイライラしたら,人に相談したり,周囲に協力してもらい,自分の時間を作るなど,気分をリフレッシュする

赤ちゃん返りは個人差がありますが,そう長く続くものではありません。大変な時は,少し家事の手を抜いたり,周囲に手伝ってもらいながら,無理をせずに対応してみてください。親の気持ちが安定し,ゆとりが持てると,子どもの気持ちも安定しますし,子ども自身も赤ちゃんのいる生活に慣れていくことでしょう。

(井戸ゆかり)

Q14
未熟児で生まれた赤ちゃんの発達は，どのような経過をたどるのでしょうか。

　A　未熟児新生児医療の急速な進歩は出生体重が500g程度の赤ちゃんも生存し成長・発達することを可能にしました。出生体重が1,500g未満を極低出生体重児，さらに1,000g未満で生まれた子を超低出生体重児と呼びます。極低出生体重児は在胎週数が30週未満であることが多いので，子宮内での発育が加速される時期に胎外での生活に適応していかなければなりません。そのため赤ちゃんは心身の発達に大きな危険性を伴うので，一般にハイリスク児とされています。ハイリスク児の成長・発達の様相は医学的に，そして心理・社会学的にも強い関心を抱かれる存在となります。

【生存率】　聖隷浜松病院新生児未熟児センターは，静岡県内の西部地区を対象にした院内・院外からの入院患児の医療機関です。平成15年度に同院のNICU（新生児集中治療室）に入院した極低出生体重児は62例です。そのうち死亡例は8例で，生存率は87.5％でした。

　これを出生体重別に調べますと，499g以上から1,000g未満までは31例で，死亡例は5例，生存率83.3％です。この5例の死亡例は499g以上750g未満の出生体重児です。この体重での事例は19例で生存率は73.6％です。1,000g未満から1,250g未満になると15例のうち死亡例は1例です。1,250g未満から1,500g未満では事例は16例で死亡例は2例です。同病院での出生時体重750g未満1,500g未満までの事例は43例で，うち死亡例は3例で，その生存率は93.3％です。

……………………………………………………〈リスクベイビー〉

　東府中病院ホームページによると平成13年度に全国で1,500g未満で生まれた赤ちゃんは7,989例で、この年度の全国の全出生児に対する割合は0.68％です。単に生存させるだけでなく、「障害なき生存」を願い、よりよき成長・発達への医療、そして育児支援に対する取り組みが課題となります。

【出産にまつわる母親の心理】　極低出生体重児の出産は通常の出産と違い、多くの場合予定日より早く生まれるので、出産への期待感も十分容認されないまま、突然に出産という事態を招くことになります。両親にとって出産は喜びであってもその反面、予期せぬ胎児の出現にとまどい、そして、生まれた子どもが「未熟児」であることで、母親としてわが子にかわいそうなことをしたという気持ち、これから先の子どもの成長・発達に対する不安や焦燥など、かなり精神的に複雑な感情にさいなまれます。

　赤ちゃんは出産の時点で必然的に特別の医療的養護を受けることになり、通常3か月程度の入院期間を経て退院になります。この期間、母親は出産したわが子を抱くこともできず、家で待ちわびる状態になりますが、この期間の母子分離は健全な親子関係の育成に望ましい環境ではありません。

　母子分離状況にある母子に対してもNICUという医療現場が親と子の心情を育む豊かな人間関係をつくりだす環境として機能することが必要な条件になります。NICU内での保育器から乳児用ベットに移床されてからは母親による授乳や入浴、おむつ替えなど育児行為がなされ、さらには退院後の養育上の指導など、母親に対する育児支援の対応がはかられています。

【退院後の早期の育児支援】　NICU内での医療的養護により、出産後母子分離を余儀なくされた母親はわが子が退院して手元で養育するようになってからも、育児上の不安とか、障害の発生に対

Q14

する不安感など，その心情には他者のはかり知れない苦悩が予測されます。母親たちが養育する上で非常に神経をつかう時期は満1歳頃までに集中しています。赤ちゃんが歩き出したり，ことばが出始めるといくらか不安感は軽減します。育児が大変な時期は通常の母親と変わるものではありませんが，その困難の内容は通常とはかなり様相を異にするものがあります。乳幼児期から学童期に至るまで発達の状態像について心配される親がいます。

【身体発達の特徴】　極低出生体重児の身体発達について，三石知佐子は51例（平均在胎週数28.8週，平均出生体重1,012.5g）を対象に，出生後3年間の体重，身長の発達過程を追跡調査しています。健常児の正常範囲内にどの程度追いつくか，その様相の検討です。最終診査である3歳の時点で体重が追いついたのは34例（66.7％）でした。身長は2歳の段階で50例中36例（76.5％）に追いつきが認められ，最終診査3歳の時点では，それ以上の追いつきは認められなかったとしています。3，4歳頃までは体重・身長ともに健常児と比較して体つきは小さく，細い印象を与えますが就学年齢頃になるとほぼ標準的な体型になるとされています。

　聖隷浜松病院新生児未熟児センターで1977～79年に退院して，1994年に中学を卒業した61例の調査結果によると，正期産児で出生し，正常に発達している同年齢健常児と比較した場合，男女とも身長・体重ともにやや小柄で細身です。

【知的発達】　極低出生体重児の知的発達についての関心は強く，各医療機関で予後についての研究がなされています。聖隷浜松病院新生児未熟児センターに，1986～88年の3年間に入院し生存退院した136例の3歳，6歳，9歳の時点での調査結果では，3歳の時点で134例の田研・田中ビネー知能検査の結果は（追跡率98.5％），知能指数の平均は102（標準偏差「SD」＝15）です。6

....〈リスクベイビー〉

歳の時点では131例（追跡率97.0）にWISC-Rを実施した結果は、知能指数の平均は全検査知能指数（FIQ）＝91（SD＝15）言語性検査知能指数（VIQ）＝98（SD＝15），動作性検査知能指数（PIQ）＝92（SD＝17）です。9歳の時点では105例が検査を受け、追跡率は77.8％とやや低いのですが、FIQ＝97（SD＝13）VIQ＝98（SD＝13）PIQ＝96（SD＝15）という結果でした。知的能力は平均値的能力を持っていても、VIQとPIQとの間に15以上のくいちがい（discrepancy）を示すアンバランスな事例が比較的多く認められ、視覚認知、言語理解、数概念の発達の遅れなど認知能力での問題が予測されます（Q&A1参照）。

【中学卒業時点での様相】　中学卒業後の進路状況は、先の61例の調査結果では普通制高校の進学が37例で、職業高校が4例、定時制高校が4例、専門学校への進学が11例で91.8％が進学しています。3歳の時点での知能検査で指数89以下の事例は15例ありましたが、このうち養護学校高等部に1例が進学しています。就職した事例は1例という結果です。卒業時点での健康状態や日常生活の充実感について問題ありとする事例はごくわずかで、多くの事例は健康で充実した生活を送っています。

【リスク児の発達支援】　リスクを負って生まれた赤ちゃんにとって、心身が健全に成長・発達することは最も望ましい姿です。発達支援の体制が子どもを抱える母親はもとより、その家族への対応として地域社会の中で効果的に機能することです。

　不幸にして何らかの障害をもった子どもの場合は発達支援への対策はより重要な課題となります。

　2005年4月に「発達障害者福祉法」が施行されます。従来の法体系にこの法を踏まえ、地域ぐるみの組織的な発達支援への対策がきめ細かく機能することが強く求められます。　　　（神谷育司）

Q15
男の子は育てにくいといわれますが,本当でしょうか。

A 一姫二太郎ということわざが日本にあります。これは,最初の子どもは女の子の方が育てやすく,次に男の子どもを育てると楽であるという経験からいわれてきたものです。

男女平等の時代に男の子と女の子の差について論じることは,はばかられてきましたが,子育ての経験から,男の子は育てにくいと広くいわれてきました。少子化の時代に入り,かつてはあまり深刻に考えなかった,男の子,女の子の育てやすさを気にする母親も多くなってきています。

【問題行動よりみた男の子,女の子】 生下時体重に男女差があり,思春期の訪れも女子が早い事実は常識になっています。ここでは育てやすさ,育てにくさを問題行動から考えてみたいと思います。

問題行動は,ともかく,保育者,親を困らせる問題ですが(第4章参照),それは発達性(親は困っても,発達により問題ではなくなる行動)と異常とに分けられ,年齢が低い時ほど,その診断は難しく,安易に異常とするのは危険でもあります。

排泄に関する問題行動から取り上げますと,夜尿,遺尿,頻尿は男の子に多く,排泄の自立に関する問題は多くの母親を悩ませています。夜尿,昼間遺尿の多くは,思春期にはほとんど問題を残しません。しかし,神経性頻尿は発達性のみではありません。(p.131-132 参照)

次に,親にとって気になる子どもの問題に「ことば」がありますが,ことばに関する問題行動である,吃音,構音障害は男の子

〈性差〉

に多く出現します。一般には，男の子の方がことばの表出が女の子よりおそいといわれています。しかし緘黙といわれる，家では話をしたり，子どもとは話しても，幼稚園，保育園，大人に対してはまったく話をしない症状は場面緘黙といわれ，吃音，構音障害ほど性差がありません。緘黙は，登園拒否，不登園となる場合もあります。

その他，チック，ADHDといわれる症状も男子に高く出現します。特に注意障害，多動障害として一般化したADHDの出現率が男子に高いことについては，医療，教育，相談機関のみではなく，文化，人種を問わず報告が一致しています（第5章参照）。

自閉症の研究者であるバロン・コーエンは，自閉症は性差があり，男の子に頻度が高いことから，男の子と女の子の認知能力の差について述べています。この考え方には論議もあります。しかし，生物学的に男子と女子は同じではないという事実は受けとめなければならないでしょう。

前述したADHDは報告者によって一致していませんが，10：1とも，7：1ともいわれています。また，発達の個人差も男子の方が幅があり，思春期を過ぎないと統合されない子どもが存在するのは事実です。今後の発達心理学の研究は，この点についても明らかにするでしょう。

男の子の育てにくさについて述べてきましたが，バロン・コーエンも述べているように，男の子は，創造性が高く個性的であり，エネルギーも持っています。性差も個人差の範疇であり，整った発達をしていくことの多い女の子は親にとって安心ですが，目の離せない男の子も育てる楽しみがあります。

(森永良子)

Q16

高機能自閉の可能性があると言われました。ことばにはあまり反応しませんが，音には敏感です。何か音楽で治療や教育の方法があるでしょうか。

A　自閉症は，米国精神医学会が作成する診断基準（DSM-IV, 1994）によれば，1)社会的な相互交流，2)社会的なコミュニケーションをとるための言語，3)象徴的あるいは想像的な遊びにおける遅れや偏りなどが主な幼児期の特徴として挙げられます。高機能自閉症についての明確な診断基準は現在ありませんが，先述の行動特徴を示しながら全体的な認知能力が正常範囲（IQ85以上）にあり，認知能力に「言語性＜非言語性」の偏りを持つと推定されるものが一般的に高機能自閉症と診断されます。このような子どもの乳幼児期の認知・行動の特性として音に敏感なことがよく言われ，聴覚刺激への過剰反応である知覚過敏と捉えられています。日常の社会環境の中で，飛行機の騒音や電気機器の低周波音などだけでなく，人の話し声にも敏感で不快な様子を示す一方で，好きな音楽あるいは音色に魅せられたように聴き入る子どもが少なくありません。16世紀の中頃，母の胎内で毎朝，弦の美しい生演奏を聴いて育ったフランス王ヘンリーⅣ世が生後，その音楽を聴くと泣き止んで心地良い様子になったという逸話は有名です。幼い子どもたちが音楽にじっと耳を澄ます姿は，真の安らぎをもたらす天からの贈り物のようであり，子守唄に象徴される母から子への語りと同様に，東西文化の枠を越えた普遍性が存在しているように思えます。

【音楽治療教育の理論】　音楽治療教育は，ノースウェスタン大学

....〈音楽治療教育〉

の教授として活躍した心理学者マイクルバストの理論（20世紀中頃）に基づき，作成されたプログラムです。これによれば，言語的理解が乏しく，ほとんど表出の認められない重度の障害の場合には「感覚→表象化」の発達段階の問題が想定され，全体的な能力は高いが認知能力に偏りを示す高機能自閉の場合には，より高次な「表象化→抽象化」の発達段階の問題が想定されます。表象化の段階で，聴覚，視覚，運動などの多感覚神経間の情報が結び付き，ことばではないイメージが記憶として蓄えられ，次第に明確化していきます。次に象徴化の段階で経験が何らかの意味を持つシンボルとなり，例えば，母や保育者との相互作用の中で楽しさや悲しさなどの多様な感情経験が子どもにとって大切な意味を持ち，やがて言語的コミュニケーションの発達に繋がると考えられます。さらに抽象化の段階でイメージや創造的な表現を広げることが可能になります。幼児期から学童期にかけての音楽治療教育の主な目的として，行動のコントロールや協応運動のトレーニング，自発的表出の促進，聴覚性・視覚性シンボルによる認知学習，言語的コミュニケーションの促進，社会性の援助などがあります。次に幼児のグループ指導の例を紹介します。

【グループ指導例】　幼児のグループ指導の中で，「虹のかなたに」という作品で指導者のヴァイオリン演奏（ピアノの伴奏付き）と子どもたちによるミュージック・ベルの表現による合奏を試みたことがあります。子どものパートは音階進行を中心に編曲し，5歳頃の就学前の幼児に記憶しやすい内容で作られています。対象児は，幼稚園や保育園の集団の中でうまく適応できない悩みを抱え，自閉傾向や落ち着きがない傾向を持つ子どものほかに，衝動性や場面により緘黙傾向を示す子どもを含み，7,8人で構成されていました。結果は，落ち着きのない子どもは音楽の全体の流

Q16

れをよく聴いて部分的に離席するものの、音階進行を適切に予測し自分の出番までに確実に着席し、素早くベルを響かせました。緘黙傾向のある子どもは、意図的にソロの部分が多い音を分担するようにしましたが、生き生きとした笑顔さえ見せ、有能なアンサンブルの一員として立派に表現し、心配していた衝動性のある子どもは、どこかに問題を置き忘れた様子で指導者の視線による合図を素直に受けとめ、自らの音を適切に響かせ、全員調和した立派な5歳児の合奏となりました。幼児のグループには、発達性失語やウェスト症候群など、自閉症やLD周辺の多彩な臨床症状を持つ子どもたちが参加します。自閉的な子どもの知覚過敏の例では、ヴァイオリンの生演奏の音に「耳をふさぐ」などの行動を示すことがあります。しかし、よく観察するとピアノの中央のド（C4≒262Hz）より2オクターブ高いド（C6≒1046.5Hz）あたりになると耳ふさぎが生じたり、離席が増すことがわかります。この場合、高音域を使用せずに演奏したり、音量もささやくような音にして演奏するなどの配慮を行うと問題は軽減します。これは、例えばリズムについても同様で、欧米の実験的研究では、5歳児で時間的意識が明確化し、1分間に100拍と138拍の規則的テンポの違いに気づき、これに同調し表出するというものがあります。仮に、不器用な子どもで理解と表出に差が見られる場合、理解しやすいテンポで示し、表出しやすいテンポで適切な持続時間を配慮しながら徐々に表現を広げていけば、子どもにとって心地良い経験となるはずです。音に過敏だから音楽を避けるのではなく、適切な臨床的・教育的配慮により学習経験を重ねることにより、子どもの社会性を広げ、良好なコミュニケーション関係を築くことに有効と考えます。

【高機能自閉症の例】　次に音楽治療教育による発達的支援の視点

〈音楽治療教育〉

から、学童期から青年期にかけて継続した高機能自閉症の女児の例を紹介します。開始当初（8歳）、コミュニケーション、協応運動、対人関係などの問題を主訴に白百合女子大学発達臨床センターを受診しましたが、音楽では優れた音のピッチへの感覚を示し、知っている歌の旋律をカタカナで表記し、クラシック作品の楽節を自発的にハミングすることが認められ、ヴァイオリンやピアノにも高い関心を示していました。治療教育は、集中力を高め、粗大・微細の協応運動の訓練、読譜に繋がるスキルの学習（聴覚性・視覚性シンボルの学習）、社会性の促進などを目的として、生演奏を聴き、ヴァイオリンや打楽器でシンプルなリズムやメロディー・パターンを表現することから導入しました。それは、時に応じて個別や少人数グループでの合奏による形態を取り、子どもの自然な発話や行動、指導者や他者との適切な関係を保てるような配慮を重視して行います。これらの結果、音楽的には、読譜のスキルの習得に長い時間を要しましたが可能となり、協和・不協和のハーモニーの理解に優れた面を示し、18歳を過ぎ、創作した作品を表現することも認められました。一方、社会生活では、集団への適応が困難な傾向を持つタイプではありますが、食品関係の仕事に就き、現在も言語的コミュニケーションの問題は残るものの、周囲の人と同調し行動することは良好で情緒的に安定した日々を過ごしています。

　音楽治療教育は、ほかにLD、ADHD、協応運動困難、アスペルガーの子どもたちに対し認知・行動の特性に応じたプログラムを適用し、効果を挙げています。それは、生きた音楽に触れ、子ども自身の意識で行動を統制し、調和の取れた表現を広げながら豊かな社会生活を送ることを最終目標として行うものです。

(緒方千加子)

Q17
性格を正しく知るには，どんな性格検査がありますか。

A　日本で一番使われている性格検査は，後述するエゴグラムです。アメリカで一番使われていたのは，これまではユングのタイプ論をもとに，16タイプに分類するMBTIでした（異なるタイプの人との相性の活かし方があるためか，今でも産業界でよく使われているようです）。最近は，550の質問項目があり，10の臨床尺度（下位尺度）と被験者が正直に答えたかなどの受験態度を示す尺度を備え，正常群と臨床群の弁別ができるMMPIが多く使われているようです。性格検査は，今のところ発達の全体をカバーするには，不十分な状態ですが，ここでは，幼児や学齢期版のある性格検査を中心に紹介します。

「小児ANエゴグラム」は，小学生以上で，ひらがなで書かれてある質問を理解できる人が対象です。「わたしは，うちでよくおてつだいをする」などの50の質問に対して，「いつも・ときどき・たまに・いいえ」の4件法に○を付けるようになっています。尺度は成人用のエゴグラムと共通で，批判的な親（自分や他者に厳格かルーズか）・養育的な親（世話好きか冷淡か）・大人（合理的か現実無視か）・自由な子ども（自己中心か萎縮か）・順応した子ども（妥協的か自分勝手か）の各自我状態の強さを示すようになっています。エゴグラムは精神分析が背景理論で，合計値から自我の全般的な強さが示され，上記の5つの自我の各々の相対的関係から，自分自身と他人に肯定的か否かについて4つの基本的構えを分析していきます。小児エゴグラムは言語がわからない場合に，養育者に判定させることもあります。

……………………………〈性格検査と気質検査，標準心理検査〉

　MBTIとMMPIは，残念ながら，幼児や子ども版はありませんし，現代の性格検査の到達点を示す，性格の5大因子検査は，NEO-PI-R人格検査など3種類が開発されていますが，対象は成人・大学生です。このほかに，12の下位検査から成るYG矢田部ギルフォード性格検査（小学2年〜成人）等があり，これらは質問紙法といわれています。

　ほかには次のような検査があります。10枚の左右対称の多義図形に対する反応を記録していくロールシャッハ人格診断検査（幼児〜成人）。「子どもの頃私は」等で始まる不完全ないし未完成な文章を示し，作成された文章から，その人の内的世界を推測する文章完成法検査（精研SCT；小学1年〜成人）。実の成る木を書かせて，伸び・芽出し・繋がり・花が咲くなどに投影された自己を診断するバウムテスト（幼児〜成人）。紙芝居のような絵の1シーンを示し，空想物語を語らせて，そこに表現された衝動・感情・葛藤などの優勢なイメージを探るTAT（CAT）マレー版（児童〜成人）などです。これらは比較的多義的な図形や未完成な文章を刺激として，自由な反応を引き出し，性格を測定しようとするところから，「投影法」とか「投映法」といわれています。被験者が測定の意図に気づかないので，不要な緊張を与えないですみます。しかし，検査の実施や結果の解釈には専門的知識や技術が必要です。このほかに，一桁の足し算の作業経過や作業曲線から定型（健常者）や非定型（精神病者）を判断する内田クレペリン精神検査（幼児〜成人）などがあります。

　以上はすべて「標準心理検査」で，テストの作成者や販売会社に著作権があります。標準心理検査は，性格検査も知能検査も同様ですが，以下の4条件すべてをクリヤーしている必要があります。①その検査が確かに性格を測っているという根拠が確かめら

Q17

れている妥当性，②性格検査は性格を測る物差しとみれば，繰り返し測定しても同じ結果が出るという信頼性，ないし誤差の程度についての情報，③その物差し(尺度)をどう使うか，集計するかについての手続きの客観性，④測定結果を判断する際の拠り所となる基準尺度が構成されていることの4つです。週刊誌などに掲載されている相性テストなどは，これらが明らかにされていません。というより，チェックすらされていないので妥当性や信頼性はないといっていいと思います。このような物差しを使って，自分自身や友達について何か判断・評価するということは「差別」や「偏見」にすぎなくなります。検査をする際には，検査者の倫理が問われますし，たとえ遊び心でも，相手が不快な思いや差別されるなどの被害に遭わないよう注意しなければなりません。

ところで，性格と類似したことばに，パーソナリティや気質があります。特に幼児の場合，1歳6か月健康診断の場で，教育相談が行われ，この時に，健康面だけでなく，行動観察，発達検査などの心理検査が用いられることがあります。ここでは性格の代わりに気質が検査対象になります。気質は，生理学的過程や感情的反応の特徴を指し，これまでは先天的に決定され，変わらないと考えられてきました。しかし，現在はあくまでも初期値であり，環境や育てられ方によって気質は変わると考えられるようになってきています。つまり，パーソナリティは，気質と環境（養育）との絶え間ない相互作用によって形成されると考えられます。そこで，保育の場面などでは，①新奇なものに対する恐れ，②フラストレーション耐性，③注意の集中性，などを中心とした気質を捉えることは，子どもの扱いや，個々の子どもの保育方針を立てるのに役に立つと思います。

気質検査には，インタビューや質問紙方式によるトーマスとチ

....〈性格検査と気質検査, 標準心理検査〉

ェスのRITQ（乳児用）とTTS（幼児用）があり，バスとプロミンのEAS尺度，ロスバートとデリベリのIBQなどがありますが研究段階で，残念ながら市販されていません。このほかに，新生児に対して，検査者と被検査児がやりとりしながら，目覚めの程度（覚醒レベル）に応じた，最良の行動を評価するブラゼルトン新生児行動評価があります。この検査は，障害の可能性が高い(high-risk)場合などに，早期介入や治療の資料になります。

　気質検査の一例として，トーマスとチェスの考え方を紹介します。これは，9つの特性次元に基づいて観察しています。その特性とは，①活動水準（活動している時間と，じっとしている時間の割合），②接近／回避（未知の人や新しい事物への反応），③周期性（空腹や排泄，睡眠や起きている時間の規則性），④順応性（子どもが環境の変化に適応する難易度），⑤反応ないし感受性の閾値（はっきり見分けのつくだけの反応を引き起こす刺激の強さ），⑥反応の強度（反応の激しさで，質や内容には無関係），⑦気分の質（友好的，快活で嬉々とした行動と不機嫌で意地の悪い行動との対照），⑧気分の散りやすさ（どの程度の刺激で，行動に変化が起こるか），⑨注意力の範囲と持続性（ある行動にかけた時間と，その行動に関しての気分転換の効果）です。その結果から，大きく，手のかからない子，何をするにも時間がかかる子，取り扱いが難しい子の3タイプに分類しています。

　性格や気質は養育者との相互作用によって変わるだけでなく，保育場面によっても変わると考えるべきです。そのような見方に立った，乳幼児から，学齢期・成人に至るまでをカバーした検査が切に求められています。さらに，現代の神経生理学や遺伝学の知見を取り入れた性格検査，例えば，クロニンジャーのTCI240やその子ども版は，現在，開発途中です。　　　　　　（杉山憲司）

Q18
日本で使われている知能検査にはどんなものがありますか。

　A　知能検査は，検査者と被検査者が1対1で行う個別式のものと，検査者が1人で大勢の人の検査を一斉に行う集団式のものに大別できます。個別式のものは精神年齢から知能指数（IQ）や偏差知能指数を算出できるものがほとんどです。これらを実施するにあたっては，子どもとの信頼関係を十分に形成した上で，子どもが情緒的に落ち着いてよく実力を発揮できる環境を整えて行うことが肝要です。

　結果の解釈は，知能指数の数値のみが絶対視されてひとり歩きすることのないよう，さまざまな可能性を考慮に入れて慎重に行う必要があります。教育や臨床上の指針を得るためには，目的に応じて他の心理テストとバッテリーを組んで結果の理解を深めることも大切です。

　個別式と集団式に分けて，代表的なものを具体的に見ていきましょう。

【個別知能検査】　個別知能検査として最も長い歴史を持つのは，ビネーによって作られたものと，ウェクスラーによって作られたものをもとにして作成されたものです。

　ビネーがシモンの協力を得て作成したものがアメリカに渡って改訂され，スタンフォード・ビネーテストとなったものを日本人向けに改訂してきた田中ビネー知能検査（2003年度版は田中ビネー知能検査Ⅴ）は，1～3歳級は各12題，4～13歳は各6題の問題が用意されており，精神年齢と知能指数を求めます。積み木やイヌのミニチュアなどの具体物を用いた操作が含まれていま

……………………………………………………………………〈知能検査〉

す。ちなみに，アメリカで用いられているスタンフォード・ビネー検査は1986年の第4版から基本となる知能観を変更し，2003年に改訂された第5版でもそれが受け継がれ，古典的なビネーテストからは大きく姿を変えています。日本でもビネーVの14歳以降の問題は，アメリカでの変化を反映させ，知能を結晶性知能・流動性知能・記憶・論理推理の4因子に分け，分析的に捉えるように構成されています。

ウェクスラーの作成した検査には，対象となる年齢別にWPPSI（3歳10か月～7歳11か月），WISC-Ⅲ（5歳0か月～16歳11か月），WAIS-R（成人用）の3種類が日本版としてあります。これらのテストはいずれも大きく動作性テストと言語性テストに2分され，全検査IQのほか，言語性IQと動作性IQを別々に算出したり，各下位検査の成績をプロフィールとして捉えることができるようになっています。動作性IQに比べて言語性IQがかなり低い場合や，各下位検査の成績の不均衡から学校での学習面の困難を理解するなど，個人の能力の特徴がより分析的にわかります。WPPSIの動作性テストの下位検査には動物の家・絵画完成・迷路・幾何図形・積み木模様があり，言語性テストの下位検査には知識・単語・算数・類似・理解があります。WISC-Ⅲは，動作性下位検査として絵画完成・符号・絵画配列・積み木模様・組み合わせ・記号探し・迷路があり，言語性下位検査として知識・類似・算数・理解・数唱があります。

比較的新しい個別知能検査の代表的なものは，K-ABC心理・教育アセスメントバッテリー（Kaufman Assessment Battery for Children）です。これはカウフマンらによって作成されたテストで，情報処理能力検査（継時処理検査3つと同時処理検査7つ）と習得知識検査6つから成り，2歳半から12歳半までの子ども

Q18

を対象としています。知能研究の理論と研究成果をもとにして知能を測定する，知能と学力を別々に測定する，教授と臨床（特に特別な学習障害を持つ子どもへの臨床）に対して情報を与える，新奇な課題を含む，検査の実施が容易で，採点が客観的である，幼児・少数民族の子ども，障害を持つ子どもの異なる要求に応じるという方針で作られました。

　マッカーシー検査は，積み木・パズル解き・絵の記憶など18の下位検査から成り，幼児から小学生を対象にしています。

　グッドイナフ人物画知能検査は，4〜10歳の子どもに人の絵を描いてもらって知的発達水準を見るものです。日本では「人を1人描いて下さい。頭から足の先まで全部ですよ。しっかりやってね」という教示で描いてもらい，描かれた絵が男子だったらそのまま，女子だった場合は「今度は男の子を描いてね」と教示して男子の絵を描いてもらい，その絵を数10項目について検討して採点し，精神年齢と知能指数を算出します。

　ハンディキャップのある子ども向けには，検査者の教示や検査用具・解答方法が工夫された検査も作られています。例えば，言語表出困難な難聴児や発達の遅れのある子ども向けには「ノンバーバル検査」があります。教示もすべてジェスチャーで行うことが特徴です。大脇式精薄児用知能検査と大脇式盲人用知能検査もあります。

【集団式知能検査】　集団式知能検査は，歴史的にはアメリカの第1次世界大戦参戦を機に開発されたものに由来しており，検査用具なしで，検査用紙と鉛筆さえあれば実施できる紙筆式検査です。英語を母語とする人のための陸軍アルファ式検査と英語を母語としない人でも解ける陸軍ベータ式検査が最初に作られたので，日本でもこれを受けて，言語知識を必要とするA式検査，

··〈知能検査〉

言語知識を必要としないB式検査，両者を含むAB式検査が作成されています。

　幼児用としては幼児用田中B式知能検査，新幼児知能検査などがあり，4～6歳の子どもの記憶力・思考力・知覚力などを検査して総合的に知能指数を測るようにできています。

　就学児用としては，簡易就学児知能検査，就学児・新M-S知能検査，日文式就学児用知能検査などがあります。最後のものは，言語理解・視知覚弁別・概念分類・数概念・空間的関係理解・関係把握）の6つの下位検査から成り，個別検査の必要性の有無の判定などに用いられます。

　小・中学生用の集団式知能検査では，新訂京大NX5-8，7-9，8-12，9-15などが，ハンディキャップがない子どもを対象に作成されたものです。教研式新学年別知能検査（小学校1年生～中学校3年生，知能偏差値を算出）はギルフォードなどの新しい知能構造論などを取り入れて構成され，情報内容は図形・記号・意味の3つの側面で，知的機能は認知・記憶・拡散思考・集中思考・評価の5つの側面で調べようとしており，知能因子を意識した下位検査が6～8用意されています。

　成人用集団式知能検査としては，新田中B式知能検査（中学生～成人）や新訂京大NX15-などがあります。

　集団式知能検査は，わずかなコストで多くの人の知能を測定できるという利点はありますが，どうしても問題が限定され，荒削りな結果となりがちです。したがって，個人の知能を精密に測定するには，一般に個別知能検査の方が有用です。

(田中みどり)

Q19
発達検査とはどんなものですか。どう使うのでしょう。

A 発達検査とは，知能に限定せず，運動能力や社会性など，幅広い領域について子どもの発達を調べようとする検査で，発達の状態を示す発達年齢や，標準的な発達との比を示す発達指数を算出できるものもあります。発達の遅れなどのハンディキャップの有無を調べるためのスクリーニングテストもあります。この場合は，発達が順調な場合はそれ以上問題とせず，ハンディキャップが疑われる場合はさらに精密検査を実施します。

　検査方法としては，子どもの日常の行動をよく知る親などの養育者に質問して答えてもらう質問紙式のものと，子どもに直接働きかけて反応を観察するやり方があります。前者は子どもに負担をかけず，比較的短時間で発達の全体像を捉えることができるなどの長所がありますが，親などの答えに主観が入ることがあります。後者は日常生活では観察しにくいことでも検査でき，客観的ですが，結果が検査時の子どもの調子に左右される，時間と労力がかかる，といった難点があります。

　どの検査を行うかは，目的に応じて適切に選択することが重要です。以下に日本語で実施できるものについて個々の検査を見てみましょう。

【子どもに直接働きかける検査】　新版K式発達検査2001は，姿勢・運動領域，認知・適応領域，言語・社会領域の3つの領域の発達を調べようとするもので，各領域ごとに発達年齢と発達指数が算出できます。検査対象としては0歳児から成人までが想定されており，延べ300を超える検査項目が設けられています。主と

……………………………………………………………〈発達検査〉

して1歳以上の検査項目は，非言語性のものと言語性のものに大別されています。

　ウズギリスとハントの乳幼児の精神発達と評価は，ピアジェの発達研究に基づき，追視と物の永続性，模倣（音声模倣と動作模倣）の発達，操作的因果律の発達，対象関係把握のシェマの発達などの6つの領域の順序尺度（各尺度10問前後）から構成されており，生後1か月から満2歳までの標準的な発達がわかるようになっています。

　日本版デンバー式発達スクリーニング検査は，個人-社会，微細運動-適応，言語，粗大運動という4つの領域にわたって生後1か月から6歳までの子どもを対象にスクリーニングをするもので，直径約4cmの赤い毛糸玉，干しぶどう，柄の細いガラガラ，1辺が2.5cmの彩色された積み木8つ，口径5/8インチの小さな透明のガラス瓶，小さなベル，テニスボール，鉛筆の8種類の検査用具を用います。出産予定日より2週間以上早く誕生した子どもの月齢は修正するようになっているなど，工夫がなされています。

　ITPA言語学習能力診断検査（Illinois Test of Psycholinguistic Abilities）はカークが中心となり，学習障害児のための診断検査として開発されました。1993年改訂版の下位検査はことばの理解，絵の理解，ことばの類推，絵の類推，ことばの表現，動作の表現，文の構成，絵探し，数の記憶，形の記憶から成っています。3歳～10歳未満の子ども向けです。

　新訂自閉児発達障害児教育診断検査（PEP-R）は，ノースカロライナ州の自閉症と関連するコミュニケーション障害児治療教育部（TEACCH部）のショプラーが中心となって作成したもので，模倣，知覚，微細運動，粗大運動，目と手の協応，言語理

Q19

解，言語表出にわたって0歳から7歳までの発達尺度プロフィールを得ることができます。知能テストを実施したのでは「測定不能」となってしまい、結局何もデータが得られない子どもでも、このテストでは発達の諸側面について診断にも療育にも資する資料が得られる場合があります。

【養育者や教師などへの質問による検査】 質問紙式の発達検査としては、「津守・稲毛式乳幼児発達質問紙」（1～12か月まで、1～3歳まで、3～7歳まで）、「遠城寺式・乳幼児分析的発達検査表」（九大小児科改訂版）などがあります。

津守・稲毛式は、1～12か月までのものは、運動、探索・操作、社会、食事、理解・言語の5つの側面について、典型的な発達を示す行動を発達の順序に並べ、母親などのよく子どもの様子を知る人に該当するものを答えてもらうものです。例えば運動の領域では、生まれて最初の4か月の質問項目としては「寝ていて自由に首の向きをかえる」から「支えて立たせると、足を曲げたりのばしたりする」といった受動的身体制御についての質問が、5～8か月にはより積極的な身体制御の質問が、9、10か月にはつかまり立ちや「おむつをしようとすると、どんどん逃げる」のような移動の努力の質問が、11、12か月には「手押し車、歩行器などを押して歩く」、「いすによじのぼって、すわる」などの歩行のための協応動作などの質問が並んでいます。1歳以上の場合は、運動、探索・操作、のほか、「社会」は大人との相互交渉と子どもとの相互交渉に分かれ、「食事」も食事・排泄・生活習慣の3つに分かれ、理解・言語が続いてそれぞれの年齢段階の発達に応じた内容区分となっています。全体の結果は「発達輪郭表」に表示できるようになっています。

遠城寺式・乳幼児分析的発達検査表は運動（移動運動・手の運

....〈発達検査〉

動），社会性（基本的習慣・対人関係），言語（発語・言語理解）にわたって0歳から4歳8か月までの発達を調べるようにできています。例えば，2歳0か月～2歳3か月の項目としては，「両足でぴょんぴょん跳ぶ」，「鉄棒などに両手でぶら下がる」，「一人でパンツを脱ぐ」，「電話ごっこをする」，「きれいね，おいしいねなどの表現ができる」「鼻，髪，歯，舌，へそ，爪を指示する」（このうち4つできれば可）の項目が挙げられています。

比較的新しい同様なテストとしては，KIDS乳幼児発達スケールがあります。1～11か月向きのタイプA，1歳～2歳11か月向きのB，3歳～6歳11か月向けのC，これらを要約した1か月～6歳11か月までのT，の4種類に分かれ，運動，操作，理解言語，表出言語，概念，対子ども社会性，対大人社会性，しつけ，食事の9つの側面についての発達年齢と総合発達年齢，発達指数，発達プロフィールを求めることができます。

言語発達に絞った検査も作られています。

PRS（LD児診断のためのスクリーニングテスト）は，5歳から15歳の子どもを対象に，聴覚的理解と記憶，話しことば，オリエンテーション，運動能力，社会的行動の5つの領域にわたる全24項目について各々5段階評定した結果から，言語性LDサスペクト児，非言語性LDサスペクト児を明らかにし，両者の総合からLDサスペクト児を判断します。子どもをよく知る担任の教師が答えるように作成されています。

どの検査を実施するにせよ，結果はプライバシー保護の観点から十分慎重に扱う必要がありますし，子どもの療育に積極的に生かすことが重要であることはいうまでもありません。

(田中みどり)

おすすめ文献

〈第1章 人間発達の基本を考える〉

安藤寿康（2000）『心はどのように遺伝するか』講談社
藤永　保（1990）『幼児教育を考える』岩波新書
藤永保・斎賀久敬・春日喬・内田伸子（1987）『人間発達と初期環境』有斐閣
鯨岡　峻（2003）『〈育てられる者〉から〈育てる者〉へ』日本放送出版協会
永江誠司（2004）『脳と発達の心理学』ブレーン出版

〈第2章 認知と言語の発達〉

バウアー　T. G. R./鯨岡　峻訳（1982）『ヒューマン・ディベロプメント』ミネルヴァ書房
正高信男（1993）『0歳児がことばを獲得するとき―行動学からのアプローチ』中公新書　中央公論新社
藤永　保（2001）『ことばはどこで育つか』大修館書店
ピァジェ　J./谷村覚・浜田寿美男訳（1978）『知能の誕生』ミネルヴァ書房
内田伸子（1999）『発達心理学』岩波書店
山口真美（2003）『赤ちゃんは顔をよむ』紀伊国屋書店

〈第3章 社会性の発達〉

青柳肇・杉山憲司（編）（1996）『パーソナリティ形成の心理学』福村出版
エリクソン　E. H./仁科弥生訳（1980）『幼児期と社会　Ⅰ Ⅱ』みすず書房
藤永　保（1991）『思想と人格』筑摩書房
藤永　保（1995）『発達環境学へのいざない』新曜社
繁多進・青柳肇・田島信元・矢沢圭介（編）（1991）『社会性の発達心理

学』福村出版

〈第4章　発達と問題行動〉

児玉省, 中村孝, 他 (1982)『小児の問題行動―心配な行動, 性格とその対策―』医歯薬出版

森永良子 (1993)『情緒の発達と障害』医歯薬出版

森永良子 (1990)『犬は子をどのように育てるか』(『人の子, 犬の子』改題) どうぶつ社

中根晃 (1997)『新児童精神医学入門』金剛出版

吾郷晋浩, 生野照子, 赤坂徹編 (1992)『小児心身症とその関連疾患』医学書院

〈第5章　軽度発達障害〉

森永良子 (1980)『LD―学習障害―』医歯薬出版

児童心理編集委員会 (2005)『気がかりな子の理解と援助―LD, ADHD, 自閉症, アスペルガー症候群―』金子書房

日本LD学会編/上野一彦, 中根晃責任編集 (2003)『LDとは何か』日本文化科学社

日本LD学会編/森永良子, 中根晃責任編集 (2001)『LDの見分け方―診断とアセスメント―』日本文化科学社

マイクルバスト, ジョンソン/森永良子・上村菊朗訳 (1975)『学習能力の障害』日本文化科学社

キーワード索引

あ行

愛着　27
愛着関係　31, 68
赤ちゃん返り　224
アスペルガー症候群（障害）
　149, 181, 216, 221, 235
頭打ち　130
跡追い　27
アビューズ　204
甘え　72
アメリカ手話　65
アレルギー体質　128
暗数　3
遺棄　19
育児　33
育児支援　145, 227
異常行動　110
異食　114
一次元性　187
一卵性双生児　11
遺伝か環境か　7
遺伝=環境交互作用　16
遺伝規定性　189
遺伝規定性係数　13
遺伝子　7
遺尿　131
遺糞　120
内田クレペリン精神検査　237
運動性チック　132
運動能力　28, 44
運動療法士　106

エコラリア　158
エディプス葛藤　98
エディプス・コンプレックス　99
エディプス（前性器）期　98
遠城寺式発達検査　21, 246〜247
延滞模倣　30
音楽治療教育　232
音楽的知能　195
音声チック　132

か行

外言　73
外向性　202
階層的クラスタリング　81
開放語　61
開放性　202
可逆性　55
学習障害　147, 223
学習スタイル　198
覚醒水準　38
隠れたディプリベーション　26
家系研究　14
過剰一般化　61
過食　113
数の保存　55
活性化　66
感覚運動期　50
感覚運動的知能　51
感情制御　88
感情の知能　195
緘黙　122, 138, 160, 231
記号　52

気質　238
気質と性格の7次元モデル　202
虐待　19,27
虐待経験　207
虐待児　173
逆転移行学習　40,45
キャラクター　91
器用　214
鏡映文字　156
協応運動困難　174,235
協応活動　51
教授=学習　57
兄弟関係　87
協調性　203
共同注意　68
共鳴動作　41
共有環境　16
享楽主義　35
極低出生体重児　226
拒食　113
拒否症　190
均衡化　48
筋骨型　93〜94
空間的知能　195
ぐず　144
くせ　128
具体的操作　56
具体的操作期　53
形式的操作　56
軽度知的障害　165
軽度発達障害　166
血液型性格　200
血液型性格学　97
血縁法　13
結晶性（知能）　77
権威主義的人格　100〜102
言語　52
言語獲得装置　62
言語環境　31,66
言語障害　69

言語性IQ　47,241
言語性LD　161
言語性テスト　241
言語相対性（サピア・ウォーフ）
　仮説　71
言語遅滞　29,58
言語的課題解決　70
言語的知能　195
言語発達　59
言語理解　59〜60
顕示性　144
健常児　145
健常の範疇　112
公園デビュー　85
高機能LD　180
高機能広汎性発達障害　178
高機能自閉(症)　149,162,221,
　232,234
高機能スペクトラム　183
攻撃性　142
口唇期　98
行動遺伝学　16,77
交配実験　10
広汎性発達障害　118
肛門期　98
心の理論　218
固執　203
個人差　103,196
個性化　36
個性化教育　199
子宝思想　80
固着　98
ことばの遅れ　109
ことばの発達　107
子どもの嘘　89
子どもの性格　141
個別知能検査　240
コミュニケーション能力　63

さ行

詐病 136
算数障害 160
残忍性 143
時間迷路 69
軸語 60
軸文法 61
自己暗示 136
思考スタイル 198
自己志向 203
自己実現的予言 97
自己主張 191
自己中心性 143
自己超越性 203
自集団中心主義 101
思春期 150
自傷行為 137
施設病 22,25,129
疾患逃避 138
しつけ 34,36,206
実際的知能 194
実在論 53
ジップ (Zipt) の法則 71
児童虐待 3,204
児童虐待防止法 204
自閉症 159,181,231,232
社会化 36
社会性の発達 29
社会生物学 79
社会的学習 87
社会的発語 58
集団式知能検査 242
集中困難 112
儒教 80
循環反応 49
情愛欠如 25
障害児 145,151
消極性 144
条件づけ 40

象徴機能 70
常同運動障害 212
常同行動 130,212
衝動性 171
小児 AN エゴグラム 236
食育 208
食事 112
食欲不振 210
書字障害 155,175
自立 90,105
人格 91
人格形成 207
新奇性追求 202
神経症傾向 202
神経症素質 96
神経性習癖 131
神経性頻尿 131〜132
人工栄養 125
人工栄養児 129
人種偏見 100
心身症 123
神人同型説 186
身体運動的知能 195
身体的虐待 205
身体的形質 7
身体発達 28
新田中 B 式知能検査 243
新訂京大 NX 243
新訂自閉児発達障害児教育診断検査（PEP-R） 245
新版 K 式発達検査 244
シンボル 52
シンボル機能 52
新幼児知能検査 243
信頼性 238
心理社会的侏儒症 34
睡眠と覚醒のリズム 118
スタンフォード・ビネー検査 241
刷り込み 27

刷り込み実験　27
性格　91, 200
性格と体格　93
性格の5大因子　201
制限授乳　35
性差　58, 174
誠実性　202
成熟　57
精神的遺伝　10
精神薄弱　175
精神発達遅滞　175
生成文法　60
成長ホルモン　34
性的虐待　205
摂食障害　113, 208
0歳児保育　37
前概念期　53
潜在期　99
前操作期　53
前論理期　53
躁鬱（循環）気質　95
相関係数　11, 74
早期教育　121, 192
総合施設　84
相互（間）主観性　68
相互作用　5
蒼古反射　44
操作　53, 56
双生児　10
双生児法　10
創造的知能　194
相補性　55
素質＝遺伝論　17
素質と環境との相互作用　48
損害回避　202

た行

第1言語　67
第1次集団　79
第1次循環反応　49
第一反抗期　190
退嬰行動　130
体型　20
退行　98
退行現象　224
第3次循環反応　50
対象関係論　99
対象の永続性　42
対人的知能　195
第2次循環反応　50
第二反抗期　190
ダウン症　75
多重知能　194
多数遺伝子　9
多動性　171
妥当性　238
田中ビネー知能検査Ⅴ　240
単身赴任　134
断乳　116
チック　132, 231
知的境界領域　176
知的境界領域児　179
知能　9, 47, 73, 186, 194, 198
知能指数（IQ）　188, 229
知能障害　175
知能（精神）年齢　188
知能の恒常性　73
注意欠陥／多動性障害　149, 168
調節　48
超低出生体重児　226
調和性　202
直感的思考期　53
爪かみ　138
津守・稲毛式乳幼児発達質問紙　246
強い言語相対性仮説　71
低出生体重児　111
てんかん　172
デンバー式発達スクリーニング検査　245

トイレット・トレーニング　121
同一性　55
投影法　237
投映法　237
同化　48
登校拒否　123
統合失調症　14
動作性IQ　241
動作性テスト　241
統辞能力　31
統辞法　60，65
独語　158
読字困難　154
特殊教育　145
どもり　160

な行

内言　73
内言語段階　108
内向・外向　95
内省的知能　195
喃語　108
2語文　60
2次集団　83
2次的就巣性　38
乳児　37
乳児院　19，115
乳幼児死亡率　23
乳幼児の精神発達と評価　245
二卵性双生児　11
認識　42
認知　42
認知発達　46
ネグレクト　205，221
粘着気質　95
脳科学　8
脳性麻痺　174
ノンバーバル検査　242

は行

排泄の自立　119
博物的知能　195
パーソナリティ　92，238
パーソナルスペース実験　86
パターンの認知　46
発語の時期　108
発達検査　244
発達指数　21，24，244
発達性協調運動障害　217
発達性計算障害　161
発達性書字障害　161
発達性ディスレキシア　153，161
発達遅滞　25
発達の可塑性　29
発達の個人差　107
バーナム効果　201
母親語　66
母親像　126
母親剝奪　25
反響語　158
反抗期　190
ハンドリガード　50
被虐待児　138
非共有環境　16
非言語性LD　163〜164
非言語性のコミュニケーション　158
微細脳障害　148，171
ヒステリー　96，100，136
ビッグ5　96，201
ヒトゲノム　6
人見知り　45
ビネーテスト　188
肥満型　93〜94
表象　52
表情　46
昼間遺尿　131
敏感期　27

不安神経症　96
ファン・モラリティ　35
不器用　215
不器用児　175, 214
不注意　171
不登校　123
ブラゼルトン新生児行動評価　239
文化的遺伝子（ミーム）　17
文化普遍性　187
文章完成法検査　237
分析的知能　194
分裂気質　14, 95
分裂病質　14
偏差IQ　189
弁別学習　40
防御反射　39
報酬依存　203
歩行反射　44
ホスピタリズム　22, 129
細長型　93〜94
保存　55
ポリアンナの原理　201
ポリジーン　9

ま行

マターナル・ディプリベーション　25
マタニティブルー　118
マッカーシー検査　242
慢性化　111
身振り　52
蒙古病　75
モデリング　89
模倣　41
問題行動　104, 110, 230

や行

夜驚症　118〜119
夜尿（症）　120, 131
優勢　10
指差し　52
指しゃぶり　110, 128〜129
養育者=子ども関係　33, 99
養育者喪失　25
養育者不在　25
養育放棄　22, 32
要求授乳　35
養護施設　115
養子研究　14
幼児性欲期　98
幼児用田中B式知能検査　243
抑圧　136
欲求不満　136
欲求不満（フラストレーション）耐性　88

ら行

陸軍アルファ式検査　242
陸軍ベータ式検査　242
利己的遺伝子　79
リスクベイビー　149
リーチング　49
離乳食　115
流動性（知能）　77
量遺伝子　9
臨界期　26
類型学　93
連合　40
ロールシャッハ人格診断検査　237
論理数学的知能　195

欧文

ADHD　111, 125, 149, 167, 231, 235
ASL　65
DQ　21, 24
DSM-Ⅳ　105, 147
dysgraphia　155

EQ　21,195
gifted LD　180
ITPA 言語学習能力診断検査　245
K-ABC 心理・教育アセスメントバッテリー　241
KIDS 乳幼児発達スケール　247
LAD　62
LD　147,152,177,221,223,235
MBD　148,171
MBTI　236～237
MI　194

MMPI　236～237
NEO-PI-R 人格検査　237
PDD　178
PRS（LD 児診断のためのスクリーニングテスト）　247
PSD　34
PT　106
WAIS-R　241
WISC-Ⅲ　241
WPPSI　241
YG 矢田部ギルフォード性格検査　237

■〈実践・子育て学講座〉第2巻・第3巻の主な内容■

第2巻　子育ての保健学（高橋悦二郎　編）

【第1部　理論編】

1章　出生から幼児期までの健康問題
　Ⅰ　子どもの特徴——発育　Ⅱ　身体発育，運動発達，体力増進　Ⅲ　胎児期，周生期の健康　Ⅳ　新生児期，乳児期の健康　Ⅴ　幼児期の健康　Ⅵ　母子保健サービスの活用

2章　脳の発達と行動発達
　Ⅰ　脳と神経の構造と機能　Ⅱ　脳と行動の発達　Ⅲ　精神神経系の病気

3章　事故と応急手当
　Ⅰ　事故の種類と頻度　Ⅱ　事故の予防はどうするか　Ⅲ　事故への対応と応急手当の基本

4章　免疫とアレルギー
　Ⅰ　免疫とは　免疫の仕組み　Ⅱ　アレルギーとは　Ⅲ　よく見られるアレルギーの疾患とその特徴　Ⅳ　暮らしの中のアレルギー対処法

5章　子どもによくみられる病気
　Ⅰ　感染症　Ⅱ　皮膚科疾患　Ⅲ　その他の病気

【第2部　Q&A】

Q1〈母乳〉　　　　　Q2〈かぜと入浴〉　　Q3〈自然治癒〉
Q4〈夜泣き〉　　　　Q5〈哺乳ビン消毒・夜中のおむつ替え〉
Q6〈断乳〉　　　　　Q7〈食欲不振，小食・偏食〉
Q8〈排尿便のしつけ〉Q9〈間食〉　　　　　Q10〈口臭と微熱〉
Q11〈アタッチメント〉Q12〈乳幼児突然死症候群〉
Q13〈応急処置①誤飲〉Q14〈応急処置②心肺蘇生法〉
Q15〈応急処置③気道異物の処置〉　　　　Q16〈安全教育〉
Q17〈アトピー性皮膚炎〉Q18〈食物アレルギー〉
Q19〈手足が冷たい〉　Q20〈包茎〉　　　　Q21〈心身症〉

第3巻　子育ての環境学（大日向雅美・荘厳舜哉編）

【第1部　理論編】

1章　文化の中の子育て
　　Ⅰ　はじめに　Ⅱ　変遷する子ども観　Ⅲ　くるむ文化・裸の文化
　　Ⅳ　離乳食の与え方　Ⅴ　子どもの遊び　Ⅵ　子どもたちの労働
2章　ヒトの進化と社会の進化——家族・言葉・文化の誕生——
　　Ⅰ　人類がたどってきた道　Ⅱ　性の契約　Ⅲ　助け合いの心と文化の創造　Ⅳ　文化の進化
3章　日本の子育ての知恵——近世から近代まで——
　　Ⅰ　父親が子どもを教育した時代　Ⅱ　江戸の教育　Ⅲ　寺子屋
　　Ⅳ　母親が子どもを教育した時代　Ⅴ　世間と義理　Ⅵ　笑われるということ　Ⅶ　大衆社会化状況とがまん感覚の喪失　Ⅷ　来るべき社会の子育て
4章　子育ての変遷と今日の子育て困難
　　Ⅰ　最近の子育て事情　Ⅱ　子育ての変遷
5章　子育ての共有
　　Ⅰ　子育て支援の現状と課題　Ⅱ　諸外国の事例に学ぶ　Ⅲ　子育て支援の今後の課題：改めて子育て支援に必要な視点とは
6章　子どもの保育環境
　　Ⅰ　少子・高齢化社会と幼・保の改革　Ⅱ　指導計画（カリキュラム）の基となる幼稚園教育要領と保育所保育指針の改善　Ⅲ　気になる子どもの行動とその背景　Ⅳ　子どもを取り巻くバーチャル環境

【第2部　Q&A】

Q1　〈母親の役割・父親の役割〉　　Q2　〈子育て広場〉
Q3　〈虐待〉　　Q4　〈ジェンダーと子育て①〉
Q5　〈ジェンダーと子育て②〉　　Q6　〈幼稚園における子育て支援〉
Q7　〈3歳児神話〉　　Q8　〈祖父母世代とのつきあい〉
Q9　〈エンゼルヘルパーの役割〉　　Q10　〈病児保育・病後児保育〉
Q11　〈一人っ子を育てる〉　　Q12　〈決まりを学習させる〉
Q13　〈テレビと子ども〉　　Q14　〈地域社会と親のかかわり〉
Q15　〈都市化社会と子どもの発達〉　　Q16　〈感情耐性〉
Q17　〈子どもの気質と環境〉　　Q18　〈異年齢集団の持つ意味〉
Q19　〈抱くことの重要性と共感性〉　　Q20　〈駅前保育のプラス・マイナス〉
Q21　〈合併型施設と子育て〉　　Q22　〈出張保育と地域社会〉

●執筆者紹介 (執筆順)

藤永　保（ふじなが　たもつ）[編者紹介参照]
　　　　第1章，第2章，第3章，Q&A1，Q&A2

森永良子（もりなが　りょうこ）[編者紹介参照]
　　　　第4章，第5章，Q&A15

松村暢隆（まつむら　のぶたか）関西大学教授
　　　　Q&A3，Q&A4，Q&A5

杉山憲司（すぎやま　けんじ）東洋大学教授
　　　　Q&A6，Q&A17

庄司純一（しょうじ　じゅんいち）青山学院大学教授
　　　　Q&A7

辻山タカ子（つじやま　たかこ）日本保育協会，小児科医師
　　　　Q&A8

立川和子（たちかわ　かずこ）日本大学板橋病院小児科，心理士
　　　　Q&A9

二上哲志（ふたかみ　さとし）伊豆医療福祉センター発達行動小児科
　　　　　　　　　　　　　医師
　　　　Q&A10

柿沼美紀（かきぬま　みき）日本獣医畜産大学教授
　　　　Q&A11

黛　雅子（まゆずみ　まさこ）白百合女子大学助教授
　　　　Q&A12

井戸ゆかり（いど　ゆかり）東横学園女子短期大学教授

　　　　　Q&A13

神谷育司（かみや　やすじ）名城大学名誉教授
　　　　　Q&A14

緒方千加子（おがた　ちかこ）白百合女子大学講師
　　　　　Q&A16

田中みどり（たなか　みどり）淑徳大学教授
　　　　　Q&A18，Q&A19

　　　　　　　　　　　　　　　＊肩書きは 2005 年 4 月現在

●編者紹介

藤永 保

1926年生まれ。東京大学文学部心理学科卒業。お茶の水女子大学名誉教授。現在NPO保育・子育てアドバイザー協会理事長。著書：『ことばはどこで育つか』（大修館書店），『発達の心理学』『幼児教育を考える』（以上，岩波書店），『幼児の発達と教育』『児童心理学（編著）』『人間発達と初期環境（共著）』（以上，有斐閣），『増補現代心理学』『思想と人格』（以上，筑摩書房），『発達環境学へのいざない』（新曜社），他。訳書多数。

森永良子

1930年生まれ。日本女子大学家政学部児童学科卒業。同修士課程修了。博士。現在，白百合女子大学発達臨床センター顧問。著書：『LD―学習障害』『情緒の発達と障害』（以上，医歯薬出版），『人の子，犬の子―犬は子をどう育てるか』（どうぶつ社），『言語と学習障害，脳と行動（臨床精神医学講座）』（中山書店），他。訳書：ジョンソン・マイクルバスト『学習能力の障害（共訳）』（日本文化科学社），他。

〈実践・子育て学講座〉
① 子育ての発達心理学

Ⓒ FUJINAGA Tamotsu & MORINAGA Ryoko, 2005　　　NDC376　272P　19cm

初版第1刷―――2005年4月20日

編者	藤永　保・森永良子
発行者	鈴木一行
発行所	株式会社 大修館書店

〒101-8466 東京都千代田区神田錦町3-24
電話03-3295-6231（販売部）03-3294-2357（編集部）
振替00190-7-40504
［出版情報］http://www.taishukan.co.jp

装丁者	井之上聖子/装画　村井宗二
印刷所	壮光舎印刷
製本所	難波製本

ISBN 4-469-21296-2　　　Printed in Japan

Ⓡ本書の全部または一部を無断で複写複製（コピー）することは，著作権法上での例外を除き禁じられています。